बच्चों के रोचक नाटक

बच्चों के रोचक नाटक

डा. गिरिराजशरण अग्रवाल

प्रकाशक : **डायमंड पॉकेट बुक्स (प्रा.) लि.**
X-30 ओखला इंडस्ट्रियल एरिया, फेज-II
नई दिल्ली-110020
फोन : 011-40712200
ई-मेल : wecare@diamondbooks.in
वेबसाइट : www.diamondbooks.in
संस्करण : 2026
मुद्रक : रेप्रो (इंडिया)

BACHCHON KE ROCHAK NATAK
by : Dr. Giriraj Sharan Agarwal

अनुक्रम

वार्षिक समारोह

साधु की सीख

❑

पात्र-परिचय

प्रधानाचार्य
मुख्य अतिथि
संचालक
नवनीत, सौरभ, सत्यव्रत
माँ
साधु
कुछ छात्र

(मंच पर एक समारोह का दृश्य उभरता है। जूनियर हाईस्कूल का परीक्षाफल आने पर विद्यालय के उन बच्चों को पुरस्कृत किया जा रहा है, जो विशेष स्थान लेकर परीक्षा उत्तीर्ण हुए हैं। हॉल बच्चों और उनके अभिभावकों से खचाखच भरा है। पीछे माँ सरस्वती का बड़ा-सा चित्र टँगा हुआ है। उस पर फूलों की माला डाला हुई है। मुख्य अध्यापक व मुख्य अतिथि मंच पर आते हैं।)

मुख्य अतिथि : बच्चो, आज वह दिन है, जब छात्रों को अपनी मेहनत का फल देखने और चखने का अवसर मिलता है। यह दिन उन बच्चों के लिए उत्साहवर्धक

है, जिन्होंने पढ़ाई में साल-भर मेहनत की और परीक्षा में उत्तीर्ण हुए। साथ ही यह दिन उन बच्चों के लिए शिक्षाप्रद भी है, जो पूरे साल हाथ पर हाथ रखकर बैठे रहे और अनुत्तीर्ण हो गए। बच्चो, मानव-जीवन ईश्वर का सबसे बड़ा वरदान है। उससे भी बड़ा वरदान ज्ञान का वह महासागर है, जो ईश्वर ने केवल आदमी के लिए बनाया है। यह अपनी-अपनी क्षमता और मेहनत की बात है कि कौन इस महासागर से ज्ञान के मोती निकालकर लाता है और कौन तट पर प्यासा बैठा रहता है।

(बच्चों और अभिभावकों के बीच से तालियाँ बजने की आवाज आती है। समारोह को संचालित करने वाला बच्चा माइक पर आता है।)

संचालक : आदरणीय अतिथिगण व भाइयो। अब मैं विद्यालय के प्रधानाचार्य से निवेदन कर रहा हूँ कि वे आएँ और परीक्षा में सम्मान-सहित उत्तीर्ण छात्रों को पुरस्कार वितरित करें।

(एक बार फिर तालियाँ बजती हैं।)

प्रधानाचार्य : बच्चो! मुझे गर्व है कि इस वर्ष हमारे विद्यालय ने पूरे जनपद में प्रथम स्थान प्राप्त किया। विद्यालय का वार्षिक परीक्षाफल पिछले साल की अपेक्षा सराहनीय रहा, लेकिन इस वर्ष कक्षा 10 के छात्र सौरभ शर्मा ने जिले-भर में प्रथम स्थान प्राप्त कर न केवल अपने विद्यालय का वरन् जनपद का नाम रोशन किया है। मैं सौरभ को बधाई देता हूँ और उसके उज्ज्वल भविष्य की कामना करता हूँ। वह आए और

विद्यालय की ओर से पुरस्कार ग्रहण करे।

(सौरभ मंच पर आता है और मुख्य अतिथि के हाथों से एक सुंदर दीवार घड़ी इनाम में प्राप्त करता है। हाल तालियों से गूँज उठता है।)

प्रधानाचार्य : अब मैं इस विद्यालय के दूसरे छात्र नवनीत रस्तौगी को आमंत्रित कर रहा हूँ। वह आए और अपना पुरस्कार प्राप्त करे। नवनीत रस्तौगी ने इस वर्ष पूरे विद्यालय में सबसे अधिक अंक प्राप्त कर कीर्तिमान स्थापित किया है। वह भी कक्षा 12 का विद्यार्थी है।

(तालियाँ बजती हैं। नवनीत मंच पर आता है और अपना पुरस्कार (टेबिल लैंप) लेकर वापस आ जाता है। हाल तालियों से गूँज जाता है।)

(दृश्य परिवर्तन। मंच पर तीन छात्र दिखाई देते हैं, इनमें से एक सौरभ है, दूसरा नवनीत है और तीसरा सत्यव्रत है। सत्यव्रत बहुत उदास और निराश-सा दिखाई देता है।)

नवनीत : सत्यव्रत, अगर तुम भी पढ़ाई पर ध्यान देते और मेहनत करते तो तुम्हें इस तरह लज्जित न होना पड़ता।

सत्यव्रत : तुम ठीक कहते हो नवनीत। पर मेरा मन पुस्तकों में नहीं लगता। जो पढ़ता हूँ, वह याद ही नहीं हो पाता है।

सौरभ : जब मन इधर-उधर भटकता है, ध्यान किसी एक चीज पर केंद्रित नहीं होता, तब ऐसा ही होता है, सत्यव्रत।

सत्यव्रत : पर आज मैंने यह देख लिया कि मेहनत करने वाले

बच्चों का कितना सम्मान होता है। उन्हें कितना महत्त्व दिया जाता है, विद्यालय में भी और घर पर भी।

नवीनत : इसके बाद भी तुम मन लगाकर पढ़ने की कोशिश नहीं करते सत्यव्रत। देखो, नहीं पढ़ोगे तो बड़े आदमी नहीं बन पाओगे।

सत्यव्रत : मैं यह बात अच्छी तरह समझता हूँ। प्रधानाचार्य जी ने तुम दोनों की प्रशंसा में बहुत कुछ कहा। तुम लोगों को जब इस समय इतना सम्मान मिल रहा है, तो उस समय कितना सम्मान मिलेगा, जब तुम पढ़-लिखकर सचमुच में बड़े विद्वान बन जाओगे।

सौरभ : इस बात से शिक्षा लो। इस वर्ष जी लगाकर मेहनत करो ताकि तुम भी वही सम्मान पा सको।

नवनीत : हमें दुःख है कि तुम उत्तीर्ण नहीं हो सके। हम लोगों से तुम्हारा साथ छूट रहा है। पर हमारी शुभकामनाएँ तुम्हारे साथ हैं। तुम भी पढ़-लिखकर बड़े आदमी बनो, बहुत बड़े विद्वान बनो और सम्मान प्राप्त करो।

सौरभ : आज से प्रण कर लो कि सारी बातें छोड़कर पढ़ाई में ध्यान लगाओगे। यह बात गाँठ बाँध लो कि जीवन में शिक्षा ही तुम्हारे काम आएगी, कोई और चीज काम आने वाली नहीं है।

सत्यव्रत : *(वचन देते हुए)* मैं संकल्प करता हूँ कि एक दिन बहुत बड़ा आदमी बनूँगा, चाहे इसके लिए मुझे कुछ भी क्यों न करना पड़े?

सौरभ व नवनीत : *(बारी-बारी से)* धन्यवाद मित्र। हम तुम्हें बधाई देते हैं। आदमी यदि संकल्प करे तो वह क्या नहीं बन सकता?

(दृश्य बदलता है। मंच फिर खाली है। कुछ क्षण बीत

जाते हैं। दृश्य में सौरभ, नवनीत, सत्यव्रत तथा अन्य बच्चे उभरते हैं।)

नवनीत : क्यों सत्यव्रत, इतने दिनों से कहाँ थे? बहुत दिनों बाद मिले हो। शायद पढ़ाई-लिखाई के कारण समय नहीं मिला होगा।

सौरभ : *(छेड़ते हुए)* अब तो समय मिल भी गया है। आगे तो तब मिलेगा, जब यह बहुत बड़ा विद्वान बन चुका होगा। क्यों भाई सत्य!

सत्यव्रत : मैं उलझ गया हूँ भाई। कुछ समझ में नहीं आता कि क्या करूँ?

एक छात्र : समझ में क्यों नहीं आता है? समझ में आता है। इधर-उधर समय गँवाना छोड़ो। पढ़ाई में मन लगाओ। सब ठीक हो जाएगा?

सौरभ : *(छात्र को संबोधित करते हुए)* क्या अब भी वही पुराना हाल है सत्यव्रत का? अब तो ऐसा नहीं होना चाहिए।

छात्र : भैया, सत्यव्रत तो इस छमाही में भी फेल हो गया।

नवनीत : *(आश्चर्य से)* अच्छा! यह तो बहुत बुरा समाचार है।

सत्यव्रत : बात यह है दोस्तो, पढ़े-लिखने में जिस कड़ी मेहनत की जरूरत होती है, उतनी मेहनत मुझसे नहीं होती। विद्वान बनने का कोई आसान-सा तरीका बताओ।

सौरभ : पढ़ाई ही क्या, दुनिया का चाहे कोई भी काम हो, मेहनत तो उसमें करनी ही पड़ती है। बिना मेहनत के कोई भी व्यक्ति सफल नहीं हो सकता।

सत्यव्रत : ऐसा भी क्या कि साल में जूँ की चाल चलते-चलते एक-एक कक्षा का द्वार फलाँगते जाओ, और जब अधेड़ उम्र को पहुँच जाओ, तब क़हीं जाकर मंजिल दिखाई दे।

नवनीत : लेकिन सत्यव्रत, कोई भी फसल हो, बोने के तुरंत बाद नहीं काटी जा सकती। उसके लिए मेहनत और प्रतीक्षा दोनों की आवश्यकता होती है।

सत्यव्रत : तुम लोग जो भी सोचो, पर मैं तो शार्टकट से शिक्षा पाना चाहता हूँ। शार्टकट से विद्वान बनना चाहता हूँ। तिल-तिल करके रेंगने के लिए तैयार नहीं हूँ मैं। हल्दी लगे न फिटकरी, रंग चोखा आए।

छात्र : ऐसी कौन-सी तरकीब है, तुम्हारे पास? जादू के जरिए अलाउद्दीन को धन तो मिल गया था, विद्या नहीं मिली थी।

सत्यव्रत : मुझे मिलेगी। मुझे अवश्य मिलेगी।

छात्र : लेकिन यह तो बताओ, यह होगा कैसे?

सत्यव्रत : मैंने तय किया है कि घोर तपस्या करूँगा। सरस्वती की साधना में दिन-रात एक कर दूँगा। मुझे विश्वास है कि सरस्वती माँ प्रसन्न होकर एक-न-एक दिन सारा ज्ञान मेरे दिमाग में भर देंगी।

सौरभ : ऐसा नहीं हुआ करता है, सत्यव्रत।

सत्यव्रत : हुआ क्यों नहीं करता? ज्ञान की देवी माँ सरस्वती के लिए कौन-सा काम मुश्किल है?

छात्र : मुश्किल हो या न हो, पर सिद्धांत से अलग हटकर कोई भी शक्ति आदमी की सहायता नहीं करती है।

सत्यव्रत : तुम्हें विश्वास हो या न हो, मुझे पूरा विश्वास है कि ऐसा ही होगा।

(मंच कुछ देर के लिए पुन: खाली हो जाता है। पर्दा उठता है तो सत्यव्रत एक कोने में विधिवत् आसन लगाए आँखें मूँदे हुए माँ सरस्वती की तपस्या में लीन है। उसकी माँ धीरे-धीरे चलती हुई खाने की थाली लिए उसके निकट आती है।)

माँ : सत्यव्रत बेटे! किस मूर्खता में पड़ गया तू? ऐसे विद्वान नहीं बना जाता है, तपस्या छोड़, खाना खा ले।

(सत्यव्रत मौन बैठा रहता है।)

माँ : *(सत्यव्रत का कंधा हिलाते हुए)* आज एक सप्ताह बीत गया, अन्न का एक दाना भी पेट में नहीं गया। सूखकर काँटा हो गया है। बस अब समाप्त कर।

सत्यव्रत : *(आँखें मूँदे हुए)* मेरी तपस्या भंग मत कर माँ! यहाँ से जा।

माँ : तेरे पिता होते तो क्या तू ऐसा कर सकता था? मुझे असहाय देखकर मनमानी कर रहा है। ऐमे किसी का कोई सिद्धि नहीं मिलती है, पगले!

(सत्यव्रत उसी तरह मौन बना रहता है।)

माँ : अच्छा चल, मैं तुझसे पढ़ाई के लिए भी नहीं कहती। कुछ और काम, जो जी चाहे कर लेना। इस काम से उठ। खाना खा। क्यों अपनी जान के पीछे पड़ गया है, बेटे?

सत्यव्रत : *(आँख मूँदे हुए)* नहीं-नहीं-नहीं!

(माँ निराश होकर चली जाती है। रात गहरी हो गई है। कहीं कोई आवाज नहीं है। मंच पर प्रकाश बहुत हलका है, जैसे रात में होता है। अचानक छन्न-छन्न की आवाज होती है। आवाज पर सत्यव्रत आँखें खोलकर देखता है। सरस्वती प्रकट होती हैं।)

सत्यव्रत : *(आँखें खोलते हुए)* कौन हो तुम देवी!

सरस्वती : ज्ञान की देवी सरस्वती। बोलो, तुमने मुझे क्यों याद

किया है?

सत्यव्रत : *(उठकर सरस्वती के चरणों में गिर जाता है।)* मेरी मनोकामना पूरी करो माँ। मेरी मनोकामना पूरी करो माँ।

सरस्वती : बोलो, क्या चाहते हो?

सत्यव्रत : मुझे संसार का सबसे बड़ा विद्वान बनने का गौरव प्रदान करो माँ।

सरस्वती : *(पीठ थपकते हुए)* अच्छा-अच्छा! इसके लिए ही इतनी घोर तपस्या की है तुमने? चिंता न करो पुत्र, मैं तुम्हें तुम्हारे लक्ष्य तक पहुँचाने का प्रयास करूँगी।

सत्यव्रत : *(फिर माँ के चरणों में गिर जाता है।)* मुझे वरदान दो माँ!

सरस्वती *(समझाते हुए)* इस बस्ती के बाद जो वनक्षेत्र है, तुम वहाँ चले जाओ। वहाँ तुम्हें ऋषि चिंतामणि मिलेगे। वही तुम्हारी सहायता करेंगे और तुम्हें विद्वान बनने का मार्ग बताएँगे।

(माँ सरस्वती अदृश्य हो जाती हैं। भोर का समय है। सत्यव्रत प्रसन्न मुद्रा में जंगल की ओर जाता हुआ दिखाई देता है। जंगल में ऋषि चिंतामणि एक सूखे वृक्ष के नीचे बैठे हैं और घड़े में से पानी लेकर एक-एक चुल्लू पानी पेड़ की जड़ों में डालते जाते हैं।)

सत्यव्रत : *(निकट पहुँचकर पाँव छूता है और चरणों में बैठ जाता है।)* बहुत दूर से आया हूँ महाराज।

ऋषि : देवी सरस्वती ने भेजा है?

सत्यव्रत : हाँ महाराज। पर आप इस सूखे वृक्ष के नीचे बैठकर क्या कर रहे हैं?

ऋषि : एक-एक चुल्लू पानी दे रहा हूँ, इस पेड़ की जड़ में।

(ऋषि घड़े से पानी लेकर पेड़ की जड़ में डालता जाता है।)

सत्यव्रत : कितने दिन हो गए महाराज, आपको यह काम करते हुए?

ऋषि : पाँच वर्ष हो गए हैं, बेटे!

सत्यव्रत : पर वृक्ष तो अब तक हरा नहीं हुआ।

ऋषि : नहीं हुआ, और शायद होगा भी नहीं।

सत्यव्रत : क्यों महाराज? ऐसा क्यों है?

ऋषि : साधना से प्रकृति अपना नियम नहीं बदलती है, बेटे?

सत्यव्रत : फिर इस साधना का लाभ ही क्या है, महाराज?

ऋषि : वही, जो तुम्हारी साधना का होगा। तुमने विद्वान बनने के लिए तपस्या की लेकिन विद्वान नहीं बन सके। विद्वान बनने के लिए जिस तपस्या की आवश्यकता है, वह तुमने नहीं की है और सूखा पेड़ काटकर नया वृक्ष लगाने का जो परिश्रम है, वह मैंने नहीं किया। इसलिए न तो तुम्हें विद्या आई और न हरे वृक्ष की छाया मुझे मिली।

सत्यव्रत : मैं समझ गया महाराज, मैं समझ गया! मुझे आशीर्वाद दीजिए ताकि मैं सही रास्ते पर चल सकूँ।

(प्रसन्न मुद्रा में घर की ओर चल देता है।)

समाप्त

एक कछुआ : दो हंस

❑

पात्र-परिचय

विद्यासागर

राजकुमार

दो हंस

कछुआ

गिलहरी

कुछ बच्चे

(एक शानदार महल के दरबार हाल में पंडित विद्यासागर राजकुमार सिद्धांतपाल को शिक्षा देने में लगे हुए हैं। राजकुमार की अवस्था बारह-तेरह वर्ष की है। वह अपने पाठ पर ध्यान नहीं दे रहा है)

विद्यासागर : इधर-उधर की बातों में समय खराब न करो, राजकुमार। समय हाथ से निकल जाता है तो फिर हाथ नहीं आता। समय सबसे बड़ा शिक्षक है, राजकुमार।

राजकुमार : *(जिज्ञासापूर्वक)* क्या वह आपसे भी बड़ा शिक्षक है, गुरु जी।

विद्यासागर : हाँ, हमसे भी बड़ा।

राजकुमार : पर वह कनपकड़ी तो नहीं कराता है। आप कराते हैं?

विद्यासागर : *(हलके से हँसते हुए)* समय कनपकड़ी तब कराता है बेटे, जब आदमी बचपन की सीमाएँ लाँघ जाता है। जब कुछ सीखने की उम्र नहीं रहती। तब तो केवल पछतावा ही रह जाता है।

राजकुमार : तो क्या, अब आपकी सीखने की उम्र नहीं रही है?

विद्यासागर : नहीं! तुम इधर-उधर की बातें छोड़ो, आज का पाठ पढ़ो। शास्त्रों में लिखा है कि राजा जल के समान होता है, जो सारी प्रजा की प्यास बुझाता है।

राजकुमार : इतना पानी कहाँ से आता होगा राजा पर *(राजकुमार सिद्धांत आश्चर्य से पूछता है और अपनी धुन में कहे जाता है)* मैं पानी ढोकर नहीं लाऊँगा गुरु जी। मैं तो समुद्र पर राज करूँगा। पानी आप ढोएँगे। मैं एक बड़ा-सा जहाज बनाऊँगा, उसे सागर में तैराऊँगा। मछलियाँ मेरे भय से काँपा करेंगी।

विद्यासागर : *(आकाश की ओर देखते हुए)* हे प्रभु! कैसा अंधेर है, जिन्हें बोलना नहीं चाहिए था, वे बोल रहे हैं और जिन्हें बोलना चाहिए था, वे चुप हैं।

राजकुमार : *(हँसते हुए)* क्यों गुरुजी! मुझे क्यों नहीं बोलना चाहिए था?

विद्यासागर : अच्छे राजा वे होते हैं बेटे, जो बोलते कम हैं, सुनते ज्यादा हैं। शास्त्र में ऐसा ही लिखा है।

राजकुमार : और गुरु जी, जो अधिक बोलते हैं, उनका हाल कैसा होता है?

विद्यासागर : *(बात काटते हुए)* उनका हाल वही होता है, जो उस कछुए का हुआ था, जिसने कुसमय बोलकर अपने प्राण गवाँ दिए थे।

राजकुमार : वह कैसे गुरु जी! हमें भी सुनाइए वह कहानी।

विद्यासागर : सुनने से तुम नहीं समझोगे। अपनी आँखें मूँदो और

स्वयं वह दृश्य देखो।

(राजकुमार आँखें मूँद लेता है। तभी उसे लगता है, जैसे वह एक ऐसी झील के किनारे खड़ा है, जिसका अधिकतर पानी सूख गया है। जो पानी शेष है, वह भी शीघ्र सूखने वाला है। झील के भीतर एक कछुआ है और तट पर दो हंस हैं। वे आपस में बात कर रहे हैं।)

कछुआ : भाइयो! झील का पानी सूखने वाला है। दो-चार दिन बाद यह पानी इतना भी नहीं रहेगा, जितना अब है।

हंस एक : हाँ भाई कछुए! और पानी के बिना हम कैसे जिएँगे! तुम भी पानी के अंदर रहते हो और हम भी नदी का किनारा नहीं छोड़ सकते।

हंस दो : पानी के बिना तो हम मर जाएँगे। इस वर्ष इतना सूखा पड़ा है, जितना पहले कभी नहीं पड़ा था।

कछुआ : *(चिंतित भाव से)* अब क्या करें! अपनी जान कैसे बचाएँ!

हंस एक : हम तो भाई उड़ने वाले प्राणी हैं। उड़कर किसी और देश को चले जाएँगे। तुम क्या करोगे? तुम तो उड़ भी नहीं सकते।

हंस दो : पर हमारे साथ एक परेशानी है, कछुए भैया। हमारा तुम्हारा वर्षों पुराना साथ है। हम तुम्हें अकेला छोड़कर नहीं जाना चाहते।

हंस एक : और ऐसा कोई उपाय भी नहीं है कि हम तुम्हें अपने साथ ले जाएँ।

कछुआ : *(चिंता के साथ दोनों हंसों की बात सुनते हुए)* क्या तुम सचमुच मुझे अकेला छोड़कर चले जाओगे?

हंस एक : हम नहीं चाहते कछुए भैया, हम ऐसा नहीं चाहते।

हम मित्रता के संबंध नहीं तोड़ना चाहते। पर इस संकट से निकलने का उपाय तो निकालो।

कछुआ : *(जिज्ञासापूर्वक)* पर एक बात तो बताओ। क्या आस-पास में कोई ऐसी झील है, जिसमें काफी पानी हो।

हंस एक : जाकर देखना पड़ेगा। दूर-दूर तक सूखा ही सूख दिखाई पड़ता है। पता नहीं, कहाँ जाकर पानी मिले?

हंस दो : *(अपने साथी को बुलाते हुए)* चलो चलकर देखते हैं।

(दोनों हंस अपने लंबे-चौड़े पंखों को फैलाकर उड़ जाते हैं। कछुआ अकेला रह जाता है।)

कछुआ : *(अपने आपसे)* अगर ये दोनों हंस जल से भरी हुई झील को देखकर वहीं रह गए तो मेरा क्या होगा?

(तभी एक गिलहरी फुदकती हुई आती है और सूखी हुई झील के किनारे बैठ जाती है।)

गिलहरी : किस चिंता में उदास बैठे हो, कछुए भैया!

कछुआ : झील में पानी कम है, मैं पानी के बिना मर रहा हूँ। मेरे मित्र ऐसी झील की खोज में गए हैं, जिसमें पानी भरा हो। वे अभी तक लौटे नहीं हैं। अब वे मेरे लिए यहाँ क्यों आएँगे?

गिलहरी : मित्रों पर विश्वास रखो कछुए भैया। सभी तो धोखेबाज नहीं होते हैं। पर प्रश्न यह है कि वे यहाँ आ भी गए तो तुम यहाँ से जाओगे कैसे?

(गिलहरी और कछुआ बातें कर ही रहे थे कि हंसों का जोड़ा पंख फड़फड़ाता हुआ वापस आ गया।)

कछुआ : क्यों भाई हंसो, कुछ बात बनी?

हंस एक : हाँ! सामने वाले पहाड़ के पीछे एक झील है। उसमें बहुत पानी है। चलो वहाँ चलते हैं।

हंस दो : लेकिन कछुए भाई जाएँगे कैसे? यह उड़ तो सकते नहीं।

हंस एक : मैं इन्हें अपनी पीठ पर लादे लेता हूँ।

कछुआ : *(डरते हुए)* लेकिन मैं फिसलकर नीचे गिर पड़ा तो?

(दोनों देर तक कछुए को पहाड़ी के पार ले जाने का उपाय सोचते रहते हैं। किसी की समझ में कुछ नहीं आता है। इस पर गिलहरी सुझाव देती है।)

गिलहरी : मैं एक उपाय बताती हूँ। एक लंबी-सी टहनी लो। उसका एक सिरा एक हंस अपनी चोंच में पकड़ ले और दूसरा हंस दूसरे सिरे को। बीच का भाग कछुआ अपने दाँतों में अच्छी तरह जकड़ ले। ऐसा करने के बाद तुम लोग यहाँ से अपने नए स्थान की तरफ उड़ जाओ।

कछुआ : लेकिन टहनी कहाँ है?

गिलहरी : वह मैं लाती हूँ।

(गिलहरी पास के एक पेड़ पर चढ़ती है और एक मजबूत-सी टहनी ले आती है।)

हंस एक : लो कछुए भाई, आओ! लेकिन शर्त यह है कि तुम यात्रा के बीच बोलोगे नहीं।

हंस दो : यही काम इनके लिए मुश्किल है। ये हर समय बोलते रहते हैं, बात-बेबात।

कछुआ : नहीं बोलूँगा भाई, नहीं बोलूँगा। मैं वायदा करता हूँ।

(कछुआ टहनी के बीच का भाग दाँतों में जकड़ लेता

है। टहनी के दोनों सिरे दोनों हंस अपनी-अपनी चोंच में दबा लेते हैं और तीनों आकाश में उड़ने लगते हैं। जैसे ही वे पहाड़ी के पास पहुँचते हैं कि सड़क पर खेलते बच्चे उन्हें देखकर शोर मचाने लगते हैं।)

बच्चे : *(आकाश की ओर देखते हुए)* हा-हा, ही-ही-ही। देखो-देखो, कछुआ कैसा लटका जा रहा है? कैसा लटका जा रहा है, टहनी के साथ?

कछुआ : हंस भाइयो, तुम तो मेरी सहायता कर रहे हो, किंतु उन्हें बेकार में ईर्ष्या हो रही है।

(मुँह खुलते ही कछुआ धड़ाम से धरती पर गिर पड़ता है।)

राजकुमार : *(गुरुजी के पाँव छूते हुए)* मुझे सीख मिल गई गुरुजी। आपने ठीक कहा था, जिन्हें बोलना नहीं चाहिए, वे बोल रहे हैं और जिन्हें बोलना चाहिए वे चुप हैं।

समाप्त

आम का पौधा

❑

पात्र-परिचय

पिंटू

पिंटू के पिता

पिंटू की मम्मी

शारदा

बालक

घसीटाराम

(मंच पर एक सजे-सजाए घर का दृश्य उभरता है। लॉन में कुर्सियाँ-मेजें लगी हुई हैं। बहुत से बच्चे और स्त्री-पुरुष रंगबिरंगे वस्त्र पहने हुए उपस्थित हैं। कुछ बैठे हुए हैं, कुछ टहल रहे हैं। शाम का समय है। पिंटू की वर्षगाँठ संपन्न होने वाली है। पिंटू और उसके पिताजी दरवाजे पर खड़े होकर आनेवालों का स्वागत कर रहे हैं। आने वाले सभी व्यक्तियों के हाथों में कोई न कोई उपहार है। द्वार के बाहर कोने में खड़ा हुआ एक गरीब बालक यह सारा दृश्य देख रहा है।)

पिंटू : अब तो सब मेहमान आ चुके पापा। आइए, चलें।

पापा : अभी तुम्हारी मम्मी की सहेली शारदा कहाँ आई हैं?

पिंटू : मम्मी की सहेली तो बहुत देर लगती हैं, पापा। वह

बहुत आलसी हैं ना।

पापा : आलसी नहीं बेटे, लेटलतीफ हैं। वैसे भी महिलाओं का तैयार होना कोई आसान काम नहीं है।

पिंटू : पर मेरी गर्ल्स फ्रेंड्स तो सब आ चुकीं, पापा?

पापा : वे अभी गर्ल्स हैं ना, महिला कहाँ हुई हैं अभी!

पिंटू : महिला होते ही लेटलतीफ हो जाएँगी वे भी।

पापा : हाँ बेटे।

(सामने से बनी-सँवरी बढ़िया साड़ी पहने हुए एक महिला आते हुए दिखाई देती है। यही शारदा हैं। उनके हाथ में उपहार का एक पैकिट है।)

पिंटू : नमस्ते आंटी।

शारदा : नमस्ते-नमस्ते पिंटू जी। इतने बड़े, इतने बड़े, जितना ताड़।

पापा : तिल का ताड़ मत बनाइए बहन जी। अभी तो पिंटू जी तिल हैं, नन्हा-सा तिल।

शारदा : *(हँसते हुए)* पर भाई साहब, यह आँख वाला तिल है या लड्डू वाला?

पापा : *(ठहाका लगाते हुए)* जो भी तुम समझो, बहन जी।

पिंटू : *(आग्रह करता हुआ)* अच्छा आंटी, जल्दी चलो अब। सारा कार्यक्रम लेट हो रहा है।

शारदा : हाँ-हाँ पिंटू साहब। आपको तो एक-एक मिनट भारी लग रहा होगा ना।

पिंटू : बिल्कुल आंटी।

शारदा : *(पिंटू के गाल पर हलका-सा चपत लगाते हुए)* लेकिन शादी के समय ऐसी जल्दी मत करना। फेरों में जल्दीबाजी करोगे तो पंडित मार-मारकर भुरकस निकाल देगा।

(सब लोग सजी हुई मेज के पास पहुँचते हैं। पिंटू मोमबत्तियाँ बुझाता है, केक काटता है और हैप्पी बर्थ-डे टू यू की आवाजों से वातावरण गूँज उठता है। मेहमान खाते हुए दिखाई देते हैं।)

पिंटू : *(अपने दोस्तों को विदा करते हुए)* अच्छा फिर मिलेंगे, दोस्तो। गुडबाय।

मित्र : *(एक साथ)* गुडबाय, गुडबाय।

(मेहमानों को विदा करके पिंटू दीवार की ओर देखता है। उसे कोने में मैले-फटे कपड़े पहने हुए एक बालक खड़ा दिखाई देता है। उसकी अवस्था दस-बारह वर्ष के बीच है।)

पिंटू : क्यों भाई, तुम यहाँ कैसे खड़े हो? हमसे कोई काम है क्या?

बालक : नहीं, काम तो नहीं है जी। देख रहा था, यह क्या हो रहा है?

पिंटू : क्या देखा तुमने?

बालक : आज कोई त्योहार था क्या? होली-दीवाली जैसा।

पिंटू : नहीं भाई, त्योहार नहीं था। मेरी वर्षगाँठ थी, बारहवीं वर्षगाँठ।

बालक : वर्षगाँठ क्या होती है जी?

पिंटू : अरे, तुम वर्षगाँठ को नहीं जानते?

बालक : *(सिर हिलाते हुए)* मैं क्या जानूँ भैया! यह भी कोई त्योहार होता है क्या?

पिंटू : *(हँसते हुए)* तुम तो बहुत ही सीधे आदमी लगते हो। हर साल जन्मदिन मनाया जाता है ना। तुम्हारा जन्मदिन नहीं मनाया जाता क्या?

बालक : *(सिर हिलाते हुए)* मुझे नहीं पता। क्या नाम है

तुम्हारा?

बालक : मेरा नाम है जी घसीटाराम। घसीट-घसीट कहते हैं लोग मुझे।

पिंटू : *(मुँह बनाते हुए)* बड़ा ख़राब नाम है तुम्हारा घसीटाराम।

बालक : *(झेंपते हुए)* तुम्हें खराब लगता होगा, तुम बड़े आदमी हो ना। पर माँ बताती थी, उसका कोई बालक जीता नहीं था। तब एक महात्मा के बताने पर मैं पैदा हुआ। तब मुझे धरती पर रखकर और राम का नाम लेकर घसीट दिया गया था।

पिंटू : इसीलिए तुम्हारा नाम घसीटाराम पड़ गया?

बालक : हाँ भाई जी।

पिंटू : धरती पर रखकर घसीटने से क्या बालक जी जाते हैं?

बालक : यह तो मुझे पता नहीं जी, पर मैं तो बच ही गया जी।

पिंटू : तुम्हारे घर बच्चों के टीके-वीके नहीं लगवाए जाते हैं क्या?

बालक : कौन-से टीके जी? जब मैं घर से निकलता हूँ तो माँ मेरे माथे पर काला टीका लगा देती है। कहीं कोई नजर ना हो जाए। तुम उसी टीके को कह रहे हो क्या जी?

पिंटू : *(बालक के सीधेपन पर हँसते हुए)* अच्छा यह बताओ, तुम क्या काम करते हो घसीटाराम?

बालक : मैं घर-घर जाकर अखबारों की रद्दी खरीदता हूँ।

पिंटू : रद्दी का क्या करते हो तुम?

बालक : मैं और माँ दोनों मिलकर थैलियाँ बनाते हैं। फिर उन्हें लाला के यहाँ बेच देते हैं।

पिंटू : तो क्या इसी से तुम्हारा गुजारा चलता है, घसीटाराम।

बालक : हाँ जी।

पिंटू : स्कूल नहीं जाते हो तुम?

बालक : स्कूल तो तुम-जैसे बच्चों के लिए ही हैं पिंटू जी। हमारे लिए नहीं हैं।

पिंटू : *(हाथ बढ़ाते हुए)* तुम मुझसे दोस्ती करोगे घसीटाराम?

बालक : दोस्ती तो बराबर वालों से होती है पिंटू भाई, मैं और तुम!

पिंटू : मैं और तुम बराबर तो हैं। तुम भी बारह साल के, मैं भी बारह साल का। *(अबकी बार वह स्वयं हँसता है)* आओ मेरे साथ आओ। मैं तुम्हें अपने जन्मदिन की मिठाई खिलाऊँगा।

बालक : नहीं पिंटू भाई, ऐसे नहीं।

पिंटू : ऐसे क्यों नहीं?

बालक : सब लोगों ने तुम्हें कोई-न-कोई उपहार दिया। मैंने तो कुछ दिया ही नहीं। मैं कैसे खाऊँ?

पिंटू : *(हँसता है)* बड़े अभिमानी हो। चलो तुम भी कोई उपहार दे दो ना!

बालक : अच्छा तुम कुछ देर ठहरो। मैं अभी घर से लौटकर आता हूँ।

(बालक तेज-तेज कदमों से जाता हुआ दिखाई देता है।)

पापा : *(पिंटू की ओर आते हुए)* क्यों पिंटू, किससे घुट रही थी, बाहर सड़क पर?

पिंटू : मेरा एक नया मित्र बना है पापा, घसीटाराम।

पापा : *(खीजते हुए)* वह गंदा लड़का, रद्दीवाला!

पिंटू : वह गंदा लड़का नहीं है पापा, बहुत सीधा-सच्चा है।

पापा : मूर्खों वाली बात मत करो। ऐसे गंदे बच्चों से नहीं मिला करते।

मम्मी : *(पिंटू के पापा की हाँ में हाँ मिलाते हुए)* हाँ-हाँ पिंटू,

तुम्हारे पापा ठीक कह रहे हैं! तुम पढ़ने-लिखने वाले बच्चे हो। तुम्हारा-उसका क्या साथ?

पिंटू : पर मम्मी! मैंने तो उससे वायदा किया है। मैं उसे अपने जन्मदिन की बहुत सारी मिठाई दूँगा।

पापा : ठीक है, ठीक है। मिठाई तुम उसे दे देना। पर वह तो चला गया।

पिंटू : चला नहीं गया पापा! वह तो उपहार लेने गया है, मुझे देने के लिए।

मम्मी : उपहार लेने गया है?

पिंटू : हाँ मम्मी! वह कहता था, मैं तब तक मिठाई नहीं खाऊँगा, जब तक उपहार नहीं दूँगा। मुझे सभी ने उपहार दिए हैं ना।

पापा : तो क्या तुम उस गरीब बच्चे से उपहार लोगे?

पिंटू : इसमें बुरा क्या है पापा?

मम्मी : तुम्हें इसमें कुछ भी बुरा नहीं लगता है, पिंटू?

पिंटू : नहीं मम्मी।

मम्मी : ओफ्फो! तुम्हें क्या हो गया है बेटे!

पापा : तुमने वह कहावत नहीं सुनी, पिंटू!

पानी से पानी मिले, मिले कीच से कीच
उत्तम से उत्तम मिले, मिले नीच से नीच

पिंटू : पर वह घसीटाराम जो है ना पापा, वह नीच नहीं है।

मम्मी : नीच नहीं है? नीच तो वह है।

पिंटू : पता नहीं मम्मी! नीच क्या होता है!

मम्मी : तुम नहीं जानते नीच क्या होता है?

पापा : अच्छा भई अब तकरार बंद करो। वह आएगा तुम्हारा नया मित्र घसीटाराम तो तुम उसे डटकर मिठाई खिलाना पर उससे कोई उपहार आदि मत लेना, समझे?

पिंटू : वह कुछ लाएगा तो मैं कैसे इंकार करूँगा पापा?

मम्मी : इंकार करने में कौन-सी मेहनत करनी पड़ेगी, बेटे?

पिंटू : जितने लोग उपहार लाए थे मम्मी, उनमें से किसी को मैंने, आपने, पापा ने मना किया है क्या? फिर उसे क्यों मना करूँगा मैं?

मम्मी : उनकी बात और थी बेटे, इसकी और है।

(घसीटाराम तेज-तेज कदमों से चलता हुआ पिंटू के घर की ओर आता दिखाई देता है।)

घसीटाराम : *(मुख्य द्वार में प्रवेश करते हुए)* लो पिंटू भाई, मैं तुम्हारे लिए एक छोटा-सा तोहफा लाया हूँ।

पिंटू : *(हाथों में एक छोटे-से पौधे को देखते हुए)* यह क्या लाए हो घसोटाराम!

घसीटाराम : तुम कुछ नहीं करोगे पिंटू भाई, मैं इसे तुम्हारे आँगन में लगाए देता हूँ। देखना यह धीरे-धीरे बढ़ जाएगा।

पिंटू : कैसे लगाओगे इसे?

घसीटाराम : मैं खुरपी भी लाया हूँ पिंटू जी। कभी तुम्हारे घर ना हो खुरपी! बड़े घरों में बाजा होता है, खुरपी नहीं होती ना!

(घसीटाराम गेट के निकट, चारदीवारी से कुछ हटकर जमीन खोदकर उसमें पौधा लगाता हुआ दिखाई देता है। पौधा लगाकर वह अपने हाथ झाड़ता है।)

पिंटू : *(भीतर से मिठाई का डिब्बा लाते हुए)* लो घसीटाराम, मिठाई खाओ।

घसीटाराम : *(मिठाई का डिब्बा लेते हुए)* तुम इस पौधे की चिंता मत करना पिंटू भाई। मैं रोज या दूसरे दिन आकर इसे पानी दे जाया करूँगा। पाँच साल में यह पूरा पेड़

बन जाएगा, देखना?

(घसीटाराम चला जाता है। पिंटू, उसकी मम्मी और पापा पौधे के पास खड़े बतिया रहे हैं।)

पापा : मन भी किस मूरख पर आया है, अपने राजू बेटे का!

मम्मी : कुछ नहीं जुड़ा तो आम का पौधा ही उखाड़ लाया घर से!

पिंटू : पर मम्मी! घसीटाराम का प्रिजेंट सबमें बढ़िया है, यह तो आप मानेंगे।

मम्मी : वह कैसे? इतने अच्छे-अच्छे कपड़े, पैन, शोपीस, सब लोग लाए, वे बढ़िया नहीं हैं। यह मरा आम का पौधा बढ़िया है, तुम्हारे लिए।

पिंटू : हाँ मम्मी! ये सारे प्रिजेंट तो नष्ट हो जाएँगे, आज नहीं तो कल। पर यह पौधा तो कभी समाप्त नहीं होगा।

पापा : समाप्त नहीं होगा?

पिंटू : हाँ पापा! पाँच वर्ष में यह पूरा पेड़ बन जाएगा। फिर उस पर फल आएँगे, मीठे-मीठे। घसीटाराम का उपहार तो जीते-जी चलेगा।

पापा : अरे मूरख, कब दादा लेगा, कब पोता बरतेगा।

(हँसता है।)

पिंटू : पोता नहीं पापा! मैं और आप भी बरतेंगे। इस पेड़ के फल मैं और आप खाएँगे।

(पिंटू पौधे पर पानी छिड़कता दिखाई देता है।)

समाप्त

चुंबक का टुकड़ा

❑

पात्र-परिचय

महाराजाधिराज

राजपुरोहित

विधिमंत्री

राजपुरोहित की पत्नी गंगा

चरवाहा

ज्ञानी और विद्वान

दरबारीगण

(राजदरबार लगा है। राजधानी के गणमान्य व्यक्ति अपने-अपने स्थानों पर बैठे हैं। महाराजा एक सजे हुए सिंहासन पर विराजमान हैं। सिंहासन के बाईं ओर मंत्रियों की कुर्सियाँ पड़ी हैं। सिंहासन के ठीक पीछे एक सेवक मोरछल झल रहा है। दाईं तरफ एलची राजशाही वस्त्र पहने हुए हाथ बाँधे खड़ा है।)

महाराजा : एलची..।

एलची : *(हाथ जोड़कर घुटनों तक झुककर प्रणाम करते हुए)* जी सरकार!

महाराजा : राजपुरोहित को उपस्थित होने का संदेश दो।

(एलची चला जाता है। कुछ ही क्षणों में राजपुरोहित उपस्थित होता है।)

राजपुरोहित : महाराजाधिराज की जय हो।

महाराजा : पंडित सद्‌बुद्धि नाथ जी! आज हम एक वैचारिक संकट में फँस गए हैं। तुम हमारे सवाल का सही जवाब दो तो बात बने।

राजपुरोहित : आदेश कीजिए, महाराज।

महाराजा : हम सोचते हैं, संसार में जितनी भी चीजें हैं, उन सबकी कोई-न-कोई कीमत जरूर है।

राजपुरोहित : हाँ सरकार, है।

(सारा दरबार 'हाँ सरकार है', 'हाँ सरकार है' की आवाज से गूँज उठता है। महाराजा बात जारी रखते हैं।)

महाराजा : संसार में कोई वस्तु ऐसी नहीं है, जिसका कोई मूल्य न हो।

राजपुरोहित : हाँ, सरकार ऐसी कोई भी वस्तु नहीं।

(सारा दरबार 'ऐसी कोई वस्तु नहीं', 'ऐसी कोई वस्तु नहीं' 'ऐसी कोई वस्तु नहीं' की आवाज से गूँजने लगता है।)

महाराजा : *(ऊँची आवाज में बात जारी रखता है)* दुनिया में चींटी का भी मूल्य होता है और हाथी का भी।

राजपुरोहित : हाँ, सरकार होता है।

(दरबार फिर 'होता है सरकार', 'होता है सरकार' की आवाज से गूँज उठता है। महाराजा सबको चुप हो जाने का आदेश देते हैं। सब चुप हो जाते हैं।)

महाराजा : महापंडित! क्या तुम बता सकते हो, चींटी का क्या मूल्य है?

राजपुरोहित : *(असमंजस में पड़ जाता है)* वह सरकार... वह सरकार... *(हकलाने लगता है।)* चीं... चीं... चींटी का मूल्य...।

महाराजा : अरे पंडित! क्या चें-चें लगा रखी है। साफ-साफ क्यों नहीं बताते!

राजपुरोहित : *(अपने आपको सँभालते हुए)* चींटी का मूल्य बहुत बड़ा है, बहुत बड़ा।

महाराजा : *(क्रोध में)* क्या बड़ा है। मुँह से कुछ बोलते क्यों नहीं?

पुरोहित : प्राणों की रक्षा हो तो बताऊँ, महाराज।

महाराज : हाँ-हाँ! निस्संकोच बताओ, निस्संकोच।

पुरोहित : शत्रु सेना के हाथी की सूँड में यदि चींटी काट ले तो वह चटपट प्राण छोड़ दे।

(राजा के साथ सारे दरबारी महापंडित के जवाब पर हँसते हैं।)

महाराजा : यदि चींटी शाही हाथी की सूँड में काटेगी तो वह नहीं मरेगा, क्यों पंडित जी!

पुरोहित : वह सरकार बात यह नहीं। चींटी सरकारी हाथी को काटने का साहस ही कैसे कर सकती है, महाराज!

(दरबार में फिर ठहाका लगता है।)

महाराजा : अच्छा तो जब चींटी से लेकर हाथी तक सबका कोई-न-कोई मूल्य है तो बताओ हमारा मूल्य क्या होगा?

(चक्कर में पड़ जाता है।)

पुरोहित : राजा का कोई मूल्य नहीं होता है सरकार! *(घिघियाते हुए)* वह तो अमूल्य है।

महाराजा : *(माथे पर बल डालते हुए)* ओ पंडित के बच्चे, चींटी का मूल्य है और हमारा कोई मूल्य नहीं। तेरी ऐसी की तैसी।

पुरोहित : *(काँपते हुए)* अमूल्य का अर्थ है सरकार जो हर मूल्य से ऊपर हो। आप-आप...!

महाराजा : *(डाँटते हुए)* नहीं-नहीं। यह कुछ नहीं। धोखाधड़ी है यह। साफ-साफ धोखाधड़ी। ठीक है आँककर बताओ, हमारा क्या मूल्य है? नहीं तो सूली पर लटका दिए जाओगे।

पुरोहित : *(हाथ जोड़कर)* बहुत अच्छा सरकार! थोड़ा सोचकर उत्तर दूँगा।

(दृश्य बदलता है। पंडित सद्‌बुद्धिनाथ अपने घर में चिंतित मुद्रा में पत्नी के पास बैठा है।)

पुरोहित : बड़े भारी संकट में पड़ गया हूँ गंगा।

गंगा : ऐसा क्या हो गया?

पुरोहित : क्या हो गया यह ना पूछ गंगा, यह पूछ क्या ना हो गया?

गंगा : कुछ बताओगे भी या यूँ ही पहेलियाँ बुझाते रहोगे?

पुरोहित : सुन गंगा, महाराज ने आदेश दिया है कि हमारा मूल्य आँककर बताओ। ठीक-ठीक मूल्य नहीं बताओगे तो तुम्हें सूली पर चढ़ा दिया जाएगा।

गंगा : *(रोते हुए)* हाय दैया मर गई। अब का होगा?

पुरोहित : *(पत्नी को चुप कराते हुए)* अरी भागवंती, रोवा-पीटी से काम ना चलेगा। कुछ विधि सोच।

गंगा : *(स्वयं को सँभालते हुए)* मानुस का भी कोई मूल्य

होवे है! दिमाग तो नहीं फिर गया है राजा का!

पुरोहित : अब यह बात कौन कहे राजा से? मूल्य तो बताना ही होगा, राजा का।

गंगा : *(कुछ सोचकर)* एक विधि बताती हूँ, तुमको। तुम राजा से सप्ताह-भर का समय माँग लो। फिर बड़े ज्ञानी लोगों से पूछताछ करके उत्तर दे देना।

पुरोहित : हाँ गंगा, तू ठीक कहती है। इस तरह सात दिवस का जीवनदान तो मिल ही जाएगा। फाँसी से तो कोई नहीं बचा सकता, अब।

(दृश्य बदलता है। दरबार लगा है। राजपुरोहित हाथ जोड़े महाराजा के सामने उपस्थित होता है।)

महाराजा : क्यों पुरोहित पंडित सद्बुद्धिनाथ जी! सोचा तुमने हमारा क्या मूल्य है?

पुरोहित : सोच रहा हूँ, सरकार। सोच रहा हूँ।

महाराजा : हाँ, सोचकर शीघ्र उत्तर दो। नहीं तो सूली पर चढ़ने को तैयार हो जाओ।

पुरोहित : जैसी अज्ञा सरकार। पर एक विनती है महाराज से।

महाराजा : बोलो-बोलो।

पुरोहित : एक सप्ताह का समय चाहिए सरकार, सवाल का सही उत्तर खोजने के लिए।

महाराजा : *(गृहमंत्री से पूछता है)* क्यों गृहमंत्री, क्या विचार है?

गृहमंत्री : *(सिर हिलाते हुए)* दे दिया जाए सरकार।

महाराजा : *(विधिमंत्री से पूछता है)* क्यों विधिमंत्री! तुम्हारी क्या राय है।

विधिमंत्री : समय दे दिया जाए सरकार। यह चींटी का मूल्य आँकने का सवाल नहीं है, राजा के मूल्य का सवाल है। कुछ समय तो इसमें लगेगा ही।

(दृश्य बदलता है। पंडित सद्‌बुद्धि एक बूढ़े ज्ञानी के चरणों में बैठा रहा है।)

पुरोहित : *(निवेदनपूर्वक)* आप बड़े ज्ञानी हैं महाराज! यह बताएँ, एक राजा का मूल्य क्या हो सकता है?

ज्ञानी : राजा का मूल्य! अरे मूरख, जैसा कर्म वैसा मूल्य। जैसा काम वैसा दाम।

पुराहित : पर महाराज, राजा के सामने मैं यह तो नहीं कह सकता। वह तो मुझे तुरंत फाँसी पर चढ़ा देंगे।

ज्ञानी : तो यह कहना, जितनी कीमत ब्राह्मांड की है, उतनी एक राजा की है।

पुरोहित : उसने ब्रह्मांड की कीमत पूछ ली तो।

ज्ञानी : हाँ-हाँ, तू ठीक कहता है। राजा लोग औंधी खोपड़ी के होते हैं। चित्त भी अपनी, पट्‌ट भी अपनी। जा हमें कुछ सोचने का अवसर दे।

(दृश्य बदलता है। सद्‌बुद्धिनाथ एक और विद्वान के सामने हाथ जोड़े बैठा है।)

पुरोहित : आप इस देश के बड़े विद्वान हैं। आपके समान विद्वान कोई दूसरा नहीं है। आप ही मेरे प्राणों की रक्षा कर सकते हैं। मुझे फाँसी से बचा सकते हैं। मुझे बताएँ, राजा का मूल्य क्या है?

विद्वान : अरे ब्राह्मणपुत्र! जल से भरी गागर का मूल्य होता है, जल से भरे सागर का मूल्य होता है। अपने राजा से पूछ, वह गागर है या सागर!

(हा-हा करके जोर से हँसता है।)

पुरोहित : आप मुझे जरूर फाँसी पर चढ़वाकर छोड़ेंगे, महाराज!

विद्वान : ऐसे मूरख राजा के यहाँ राजपुरोहित रहने से फाँसी

पर चढ़ना अच्छा है, ब्राह्मणपुत्र।

(फिर ठहाका लगाता है।)

पुरोहित : हँसी मत करो महाराज। मेरे प्राण संकट में हैं। मुझे राजा के प्रश्न का उत्तर सुझाइए।

विद्वान : संसार में पगले गधे का मूल्य होता है, गाय-बैल का मूल्य होता है, आदमी का नहीं। अपने राजा से पूछ, वह आदमी है या गधा।

(फिर हँसता है।)

पुरोहित : महाराज, आप मेरी बात के प्रति गंभीर नहीं हैं।

विद्वान : गंभीर हूँ, एकदम गंभीर हूँ। जा बेटा चढ़ जा सूली पर, राम भली करेगा।

(दृश्य बदलता है। सद्बुद्धिनाथ खीजकर वहाँ से उठ आता है। वह घर में पत्नी से बात कर रहा है चिंता उसके चेहरे पर स्पष्ट रूप से झलक रही है।)

पुरोहित : गंगा, अब तो फाँसी पर चढ़ना ही होगा।

गंगा : चलो, भाग चलते हैं यहाँ से।

पुरोहित : ऐसे जान नहीं बचती है।

गंगा : तो फिर राजा का मूल्य आँक दो ना।

पुरोहित : मुश्किल है गंगा, मुश्किल है।

गंगा : क्या मुश्किल है?

पुरोहित : सारे जगत् से बढ़कर बताता हूँ तो भी राजा उसे कम मानेगा और मुझे फाँसी की सजा देगा।

(गंगा विलाप करती है।)

गंगा : *(अटक-अटक कर)* अंतिम विधि बताती हूँ। गंगा के तट पर जाओ और साधना में जुट जाओ। भगवान

भोलेनाथ जी कृपा करेंगे।

पुरोहित : ठीक कहती है गंगा। मनुष्य को तो देख लिया, अब भगवान से विनती करना ठीक होगा।

(दृश्य बदलता है। सद्बुद्धिनाथ गंगा के तट पर एक वृक्ष के नीचे सिर झुकाकर बैठा दिखाई देता है। एक चरवाहा वहाँ पशुओं को चरा रहा है।)

चरवाहा : *(अपने आपसे)* सुखदेव, पेड़ के तले यह कोई दुखी मानुस दीखै है। चल पूछ के देख, यह भोर से क्यों बैठा है इधर।

(चरवाहा सद्बुद्धिनाथ के पास आता है।)

चरवाहा : क्यों महाराज, किस चिंता में बैठे हो इधर। क्या दुख है तिहारे को।

पुरोहित : तू दुख का निवारण नहीं कर पाएगा, भाई।

चरवाहा : पर सलाह लेना ठीक रहता है। सलाह तो पहाड़ से भी ठीक रहती है।

पुरोहित : मुझे और दुःखी न कर, भैया!

चरवाहा : अपना दुख बाँटके देखो, पंडितजी।

पुरोहित : तो क्या तू बताएगा कि राजा का मूल्य क्या होता है?

चरवाहा : तू ऐसा क्यों पूछता है?

पुरोहित : मैं राजपुरोहित हूँ। राजा का आदेश है कि मेरा मूल्य बता। नहीं बताएगा तो सूली पर चढ़ा दूँगा।

चरवाहा : अच्छा-अच्छा। यह कौन बड़ी बात है भाई। यह तो मैं ही बताए देता हूँ, चुटकी बजाते।

पुरोहित : *(आश्चर्य से)* तू बता देगा।

चरवाहा : हाँ-हाँ, मैं।

पुरोहित : तो फिर बता।

चरवाहा : ऐसे नहीं। तुम्हें फाँसी से बचना है तो राजा से कहो, ऐसा छोटा सवाल पूछते हो मुझसे। यह तो गाँव का चरवाहा भी बता देगा, महाराज।

पुरोहित : फिर तो राजा मेरी जगह तुझे ही फाँसी पर चढ़ा देगा।

चरवाहा : तुम चिंता न करो, भाई।

(दृश्य बदलता है। राजपुरोहित दरबार में उपस्थित है।)

महाराजा : क्यों राजपुरोहित! सोचा हमारा मूल्य क्या है?

पुरोहित : महाराज यह इतना छोटा प्रश्न है कि इसका उत्तर एक चरवाहा भी दे सकता है। कोई बड़ा सवाल पूछिए, महाराज!

महाराजा : *(आश्चर्य से)* चारवाहा बता सकता है! क्या बात करते हो! चरवाहे को पेश करो।

(पूरे दरबार में सन्नाटा छा जाता है। चरवाहा मैले-फटे कपड़ों में लाठी हाथ में लिए उपस्थित होता है।)

महाराजा : *(कड़कदार आवाज में)* अच्छा तो तुम बताओगे, मेरा मूल्य क्या है? बताओ, हमारा क्या मूल्य है?

चरवाहा : *(हाथ आगे बढ़ाकर)* इस मुट्ठी में जो कुछ भी हो, वही आपका मूल्य है।

महाराजा : *(चीखकर)* तो मुट्ठी खोलो और दिखाओ, इसमें क्या है?

चरवाहा : *(मुट्ठी खोलता है)* देखो महाराज, यह है आपका मूल्य।

महाराजा : *(क्रोध से)* लोहे का टुकड़ा! यह है हमारा मूल्य!

चरवाहा : हाँ-हाँ सरकार! यह चुंबक! लोहे का टुकड़ा। यह आपका मूल्य है।

महाराजा : *(और भी क्रोधित होकर)* लटका दो इस गँवार को

सूली पर। यह राजा की तुलना चुंबक के टुकड़े से कर रहा है।

शिक्षामंत्री : *(अपने स्थान पर खड़े होकर)* चरवाहा ठीक कहता है, महाराज। इसका अभिप्राय है कि चुंबक के टुकड़े में जब तक शक्ति और आकर्षण है, उसकी कीमत है। इसीप्रकार राजा में जब तक शक्ति और जन-जन को अपनी और खींचने की क्षमता है, तब तक ही उसकी कीमत है।

(राजा इस उत्तर से प्रसन्न होकर हँसता है और चरवाहे की झोली इनाम से भर देता है।)

समाप्त

चिड़िया चुग गई खेत

❑

पात्र-परिचय

मूरखमल

बालकराम

फकीर

मूरखमल की बहिन चंदरो और सुंदरो

माँ

साधु

कुछ व्यक्ति

(एक भव्य भवन के सजे-सजाए कमरे में बालकराम, उसकी दो बहनें-चंदरो और सुंदरो तथा बच्चों की बूढ़ी माँ आपस में बातचीत कर रहे हैं। सुबह का समय है। घर में शोक जैसा वातावरण छाया हुआ है। तभी बालकराम का बड़ा भाई मूरखमल कमरे में प्रवेश करता है।)

मूरखमल : अरे ओ राम के बालक, सुनता है कि नहीं सुनता है?

बालकराम : हाँ भैया! क्या बात है, क्या बाहर से कोई शुभ समाचार लाए हो?

मूरखमल : समाचार कोई नहीं, बालकराम। बापू को मरे हुए तेरह-चौदह दिन हो गए। अब काम-धंधे की भी सुध

लेनी चाहिए। दुकान दो हफ्ते से बंद है।

बालकराम : पर रोटी तो एक दिन भी बंद नहीं हुई, भैया।

मूरखमल : वही तो मैं भी कह रहा हूँ। रोटी किसकी बंद होवे है? तूने तो बापू की मौत के समय भी ठूँस लिया था।

बालकराम : भैया, भूख मुझसे ना सही जावे है।

माँ : बिना बात के लफड़े में क्यों पड़ रए हो रे! अब दुकान-वुकान खोलने और काम-धंधा करने की सोचो ना।

मूरखमल : हाँ माँ! तू ठीक कहवे है।

चंदरो : बापू कोई थोड़ा धन तो छोड़ के गया नहीं है। साथ तो कुछ ले नहीं गया। मेहनत से काम करोगे तो कमी काहे की है।

सुंदरो : बापू ने तो इतना धन छोड़ा है। शायद ही कोई इतना छोड़ता हो...।

माँ : पर वह चलेगा कै दिन री! पेट तो नरक होवे है, नरक! सारा कुछ भसम हो जावे है इसमें। बिन करे गुजारा ना होवेगा बच्चो।

(तभी द्वार पर एक फकीर की आवाज आती है। उसकी आवाज से इन लोगों के वार्तालाप में बाधा पड़ती है। फकीर हाथ में पड़े लोहे के कड़े को छोटे-से डंडे से बजाते हुए गा रहा है।

फकीर :

पेट बड़ा बदकार है बाबा
पेट बड़ा बदकार।
बाप मरे या पुत्र सिधारे
रोटी माँगे साँझ-सकारे
पेट बड़ा बदकार रे बाबा
पेट बड़ा बदकार।

माँ : सच्ची बात कहवे है अल्लारक्खा। जा, इसे आटा दे आ।

मूरखमल : जारे रे राम के बालक, जा दे आ इसे कुछ, राम के नाम पर...।

बालकराम : राम के नाम पर कि अल्ला के नाम पर!

मूरखमल : एक ही बात है रे ...।

बालकराम : पहले तो एक होवे थी भैया, पर अब एक नहीं रही।

माँ : अच्छा-अच्छा बात मत बना, जा फकीर को आटा देकर आ।

(फकीर की आवाज फिर आती है : 'पेट बड़ा बदकार रे बाबा, पेट बड़ा बदकार।')

सुंदरो : जा चंदरो, तू जा झपट के।

(चंदरो आटा डालती है। फकीर दुआ देता है।)

फकीर : जीती रहो, खुश रहो, भगवान तुम्हारा भला करे।

मूरखमल : सुनरिया है बालकराम, यह फकीर हमारे द्वार पर नाम जपे है, भगवान का और सामने अहमद मियाँ के दरवाजे पर रट्टे है अल्ला-अल्ला।

माँ : इसमें हरज क्या है बेटे! यह तो उसका धंधा है, जैसे तुम्हारा धंधा है। जैसा ग्राहक, वैसी बोली...।

बालकराम : पर माँ है तो यह छल-चतुराई ही।

माँ : छल-चतुराई क्या है इसमें! कटोरिया मजहब होवे है दुनिया में लोगों का। जिसने डाल दी कटोरे में दाल, उसी के हो गए मटरूलाल।

चंदरो : माँ तो जाने कहाँ-कहाँ की तुकबंदी सुनाती रहवे है।

सुंदरो : हाँ माँ को बहुत याद हैं ऐसी लोकोक्तियाँ।

चंदरो : हाँ माँ, वह क्या कहा करे है तू–

जहाँ देखी तवा-परात
वहीं गुजारी सारी रात

(दोनों बहनें उक्ति याद करके हँसती हैं।)

मूरखमल : हाँ तो बोल राम के बालक, दुकान किस दिन खोल रिया है?

बालकराम : पहले बामन से महूरत-वहूरत तो निकलवा ले, भैया।

मूरखमल : महूरत भी निकलवा लेंगे, पर मरते समय बापू जो सीख दे गया था, उसे तो याद कर। काम तो उसी की बताई डगर पर चलकर करना है।

बालकराम : हाँ भैया ठीक कहवे है। बापू महाज्ञानी था।

मूरखमल : महाज्ञानी न होता तो चुन्नी बनिए से सेठ चुन्नीलाल माहेश्वरी कैसे हो जाता!

बालकराम : हाँ तो बोल, मरते समय क्या बताया था बापू ने!

मूरखमल : बापू ने चार बातें बताई थीं।

माँ : बता, वे क्या-क्या थीं, भूल तो नहीं गया तू।

चंदरो : माँ मुझे याद हैं। मैं बताऊँ।

माँ : *(डाँटते हुए)* तू चुप रै। धंधा तुझे करना है या इन्हें!

सुंदरो : हाँ तू चुप रै। भैया, बता क्या कहा था बापू ने?

मूरखमल : *(सोचते हुए)* बापू ने कहा था।

बालकराम : *(झट से उसे याद दिलाता है)* क्षेत्र के हर गाँव में अपना ठौर-ठिकाना अवश्य बनाना। दुकान पर न तो धूप में जाना, न धूप में आना!

चंदरो : यह तो संतान के प्रेम में कह दिया होगा बापू ने। यह कोई बात ना है। आगे बता।

सुंदरो : ऐसा मत कह, दीदी। बापू ने इसमें भी रहस्य छुपाकर रखा होगा। बड़ा गुणी आदमी था बापू।

माँ : हाँ बड़ी, तू ठीक कहवे है। इसमें भी कोई बात जरूर

होगी।

बालकराम : हाँ तो दूसरी सीख यह थी भैया कि दुकान पर न तो धूप में जाना, न धूप में आना।

मूरखमल : तीसरी बात बता, नहीं तो मैं बताऊँ।

बालकराम : नई-नई मैं ही बतारिया हूँ। वह थी, उधार दो तो वापसी की आस मत रखियो। और चौथी सीख थी *(माथे पर हाथ रखते हुए)* जरूरत पड़े तो किसी ज्ञानी से ही सलाह लीजो, किसी ऐसे-वैसे से नहीं।

मूरखमल : तो चल, पहले सूत्र से ही काम शुरू करें।

बालकराम : वह कैसे? अरे बावले, जितने गाँव है, सबमें एक-एक घर बनवाते हैं, ठीक है ना।

माँ : पहले किसी ज्ञानी से सलाह कर लो रे।

मूरखमल : कोई जरूरत ना है माँ, यह तो खुली सीख है, बापू बिना लाभ सोचे तो कोई बात कहवे ही ना था। इसमें भी लाभ अवश्य होगा।

(दोनों भाई उठकर बाहर बैठक में आ जाते हैं।)

बालकराम : हाँ, फिर कैसे करना है, बोलो भैया।

मूरखमल : अरे इस पूरे क्षेत्र में सौ गाँव हैं, सबमें एक-एक घर बनाए देते हैं। जा तू राज-मजदूरों को बुलाकर ला।

(राज मजदूर आ जाते हैं।)

मूरखमल : *(राज मजदूरों से)* इलाके के हर गाँव में एक-एक घर बनना है हमारा, बोलो।

राज : बन जाएगा महाराज, पर सेठजी इत्ता बड़ा परिवार तो ना छोड़कर मरे हैं लल्ला, जो सौ घरों की जरूरत हो।

बालकराम : बापू हर गाँव में अपना ठौर-ठिकाना रखने को

कहकर मरा था भाई। मजबूरी में यह करना ही पड़ेगा। मरने वाले की इच्छा थोड़ी टाली जावे है।

राज : ठीक है जी, कल से काम लग जावेगा।

(मूरखमल राज मजदूरों को एडवांस पैसे देता है। पैसे लेकर सब लोग विदा हो जाते हैं।)

माँ : क्यों रे बालकराम, घर बन गए सब गाँवों में?

बालकराम : काम चल रिया है माँ। पर घर का सारा धन तो इसी में खप गया। जो है वह भी खप जावेगा।

माँ : इसी से तो कहूँ कि पहले किसी ज्ञानी से सलाह ले लो, पर तुम मेरी सुनो कहाँ हो?

मूरखमल : नहीं माँ, सलाह लेने का सूत्र तो चौथा है, पहला ना है? फिर इसमें कोई पहेली थोड़ी बुझाई है बापू ने।

बालकराम : सारे गाँवों का दौरा तो कर लिया होता, पता तो चले घर कैसे बन रहे हैं?

मूरखमल : वह भी हो जाएगा। तू चिंता मत कर।

(दृश्य बदलता है। चौराहे पर गाँव के कुछ लोग वार्ता कर रहे हैं।)

एक व्यक्ति : यह सेठ चुन्नीलाल के बेटे तो खालिस मूर्ख निकले, यार!

दूसरा व्यक्ति : मूर्ख नहीं मूर्खों के बाप! सारा धन गाँव-गाँव घर बनवाने में लगा दिया पागलों ने।

तीसरा व्यक्ति : मत मारी गई है ना!

पहला व्यक्ति : पंजों से कान खुजाना चाहे रए हैं पगले।

(सब मिलकर हँसते हैं।)

पहला व्यक्ति : सेठ चुन्नीलाल के बेटे घर बनाते जा रहे हैं और लोग उन पर कब्जा करते जा रहे हैं, यह नहीं पता।

दूसरा व्यक्ति : पता है भाई, पता है।

तीसरा व्यक्ति : तो इसमें अचरज क्या है यार! वे यदि कब्जा नहीं करेंगे तो क्या करेंगे! घरों को खाली पड़ा छोड़ देंगे!

(घर में मूरखमल और बालकराम बात करते दिखाई देते हैं।)

मूरखमल : अरे ओ राम के बालक, सारा धन तो घर बनवाने में खर्च हो गया। थोड़ा बाकी बचा है, बोल क्या करना है!

बालकराम : बापू ने दूसरी सीख दी थी, न धूप में दुकान पर जाना, न धूप में आना।

मूरखमल : पर सूरज कोई हमारे कहने से थोड़ी निकले-डूबेगा।

बालकराम : फिर क्या करें? धूप तो निकलेगी ही, उसे कौन रोक सकता है?

मूरखमल : तो फिर बालकराम! चल, ऐसा करते हैं कि घर से दुकान तक के रास्ते पर शामियाने लगवाए देते हैं। तभी बापू की दूसरी सीख पूरी होगी।

बालकराम : बिलकुल ठीक है भैया।

मूरखमल : तो जा बुला ला टैंट वाले को।

(टैंट वाला आ जाता है।)

मूरखमल : अरे भाई घर से दुकान तक के सारे रास्ते पर शामियाने लगवाने हैं, बोलो।

टैंटवाला : हाँ जी लग जाएँगे।

मूरखमल : तो जाओ कल से काम शुरू कर दो।

(दृश्य बदलता है। चौराहे पर फिर कई लोग एकत्र हैं। आपस में छेड़छाड़ चल रही है।)

एक व्यक्ति : अरे यार, यह सेठ चुन्नीलाल के लड़कों का भेजा

फिर गया है क्या। पहले गाँव-गाँव घर बनवाए, अब पूरे रास्ते पर शामियाने लगवा रए हैं।

दूसरा व्यक्ति : जब दिन बुरे आवे हैं, तो मत मारी जावे है यार!

तीसरा व्यक्ति : सुना है चुन्नीलाल मरते समय यही कहकर गया था।

चौथा व्यक्ति : नई यार, ऐसा नहीं हो सकता है। लाला कोई बेवकूफ थोड़ी था। उसने कहा कुछ और होगा, इन्होंने समझा कुछ और है।

पहला व्यक्ति : अरे छोड़ो, अपना क्या बिगड़े है! सारे नगर में मजाक बन रही है, मूर्खों की।

दूसरा व्यक्ति : जब गंगा बह ही रही है तो चलो हम-तुम भी बहती गंगा में हाथ धो लें।

तीसरा व्यक्ति : चलो.... चलो....।

(दृश्य बदलता है। सब मूरखमल के घर आते हैं। दोनों भाई शामियाने वाले का हिसाब कर रहे हैं।)

पहला व्यक्ति : *(मूरखमल को संबोधित करते हुए)* थोड़ा-थोड़ा ऋण चाहिए हम लोगों को। ऐसी ही जरूरत आ पड़ी है।

मूरखमल : पर पैसा तो अब हमारे पास रहा नहीं, घर बनवाए, शामियाना लगवाया।

बालकराम : पर बापू सीख दे गया था, ऋण देना पर ...।

मूरखमल : याद आ गया, याद आ गया। दे दे एक-एक हजार रुपैया सबको।

मूरखमल : पर बापू की किसी भी सीख ने कोई चमत्कार नहीं दिखाया।

बालकराम : दिखाया क्यों नहीं, यह दिखाया कि घर में फ़ाका है, भुखमरी फैल गई है।

माँ : *(रोते हुए)* अच्छी बाप की सीख पर चले। जो जमा-जोखो थी, वह भी ठिकाने लगा दी तुमने।

चंदरो : बाबलों के और क्या सींग होते हैं माँ!

सुंदरो : सींग नहीं होते, इसीलिए तो गधे कहलाते हैं ये। पैसा गया सो अलग। जगहँसाई हो रही है सो अलग।

मूरखमल : काम बिगड़े पर तो हँसी उड़ाते ही हैं लोग। काम बन जाता तो सब वाह-वाह करते।

माँ : पर अब क्या हो, घर में तो फूटी कौड़ी नहीं रई अब। दुकान गई, धन गया, धंधा चौपट हुआ, अब मेहनत-मजदूरी करो और जाओ भाड़ में।

बालकराम : पर यह तो पता चले माँ कि भूल-चूक कहाँ हुई! गलती बापू से हुई या हमसे!

मूरखमल : तो चल किसी ज्ञानी से पूछें।

(दृश्य बदलता है। दोनों बाहर आते हैं और नगर के एक मठ में पहुँचते हैं। वहाँ दाढ़ी और लंबे बालों वाला एक साधु बैठा है। दोनों जाकर बारी-बारी से उसके पैर छूते हैं।)

मूरखमल : *(अपनी कहानी सुनाते हुए)* बापू की सीख पर चलने से हमारा विनाश हो गया। मारे गए हम लोग कुत्ते की मौत। यह बताओ महाराज कि भूल बापू से हुई या हमसे?

साधु : क्या सीख दी थी तुम्हारे बापू ने!

बालकराम : हर गाँव में ठौर-ठिकाना रखना, दुकान पर न कभी धूप में जाना, न कभी धूप में आना। ऋण देना पर वापसी की आस मत रखना। मेरी बात समझ में न आए तो किसी ज्ञानी से सलाह करना।

साधु : *(जोर-जोर से हँसते हुए)* जो कार्य तुम्हें पहले करना था, वह अंत में कर रहे हो मूर्खो। नहीं समझे थे तो किसी ज्ञानी से पूछ लिया होता।

मूरखमल : पर अब तो बता दो महाराज, अब तो सभी कुछ लुट गया।

साधु : अरे पागलो! गाँव-गाँव ठिकाने रखने का अर्थ गाँव-गाँव घर बनवाना नहीं था। प्रत्येक गाँव में संपर्क बनाना था। क्योंकि जितने संबंध बढ़ते हैं, उतना ही कारोबार बढ़ता है। तुमने अर्थ नहीं समझा और मारे गए। दूसरी बात थी कि दुकान पर न तो धूप में जाना और न धूप में आना। यह बात तुम्हें गर्मी और धूप से बचाने के लिए नहीं थी। उसने तो सीख दी थी कि दुकान पर सूरज निकलने से पहले जाओ और सूरज निकलने के बाद आओ। तुमने शामियाना लगवा दिया, धूप से बचने के लिए। और तीसरी सीख जो उसने दी थी कि ऋण देना है तो वापसी की आस मत रखना, साफ बताती है कि उसने ऋण देने से रोका था क्योंकि लोग बिना दबाव के ऋण वापस नहीं करते।

मूरखमल : तब हम क्या करें महाराज?

साधु : *(जोर से हँसते हुए)* अब पछताए क्या होत, जब चिड़िया चुग गईं खेत!

समाप्त

नींद न जाने टूटी खाट

❑

पात्र-परिचय

राजमाता

महाराजा

मालिन

कई सेविकाएँ

(राजमहल में चहल-पहल है। भोर का समय है। महारानी शयनकक्ष से निकलकर आती हैं। उसके मुख पर क्रोध का भाव है। सभी सेविकाएँ घबराकर उसकी ओर दौड़ती हैं और एक-एक करके उसे प्रणाम करती हैं।)

महारानी : *(एक सेविका से)* मालिन कहाँ है? जरा बुला तो सही, उस मालिन की बच्ची को।

मालिन : *(डरती हुई सेविका के साथ महारानी के चरणों में शीश नवाते हुए)* आदेश हो महारानी।

महारानी : अरी तू मालिन है कि नागिन?

मालिन : जो भी हूँ, हुजूर की सेविका हूँ, राजमाता।

महारानी : सेविका नहीं है तू, जान की दुश्मन है हमारी।

मालिन : हे भगवान्, हे भगवान्, यह क्या कह रही हैं राजमाता! मेरा अपराध तो बताइए।

महारानी : अब अपराध पूछ रही है। चोरी और सीना जोरी। देख हमारे सारे शरीर पर नील पड़ गए हैं। हम रात-भर सो नहीं सके।

एक सेविका : ऐसा क्यों हुआ राजमाता!

दूसरी सेविका : ऐसा क्यों हुआ राजमाता!

तीसरी सेविका : स्वास्थ्य तो ठीक है राजमाता का?

चौथी सेविका : कोई चिंता तो नहीं राजमाता आपको?

महारानी : अरी, चिंता-विंता नहीं। इस मालिन के कारण हम रात-भर सो नहीं सके। करवट-पर-करवट बदलते रहे। जगह-जगह से हमारी खाल छिल गई है।

मालिन : क्षमा माँगती हूँ राजमाता। क्षमा माँगती हूँ।

एक सेविका : क्या मालिन फूलों की सेज सजाना भूल गई थी राजमाता?

महारानी : नहीं, यह निर्दयी फूलों की सेज लगाना तो नहीं भूली पर ऐसे फूल चुनकर लाई, जिनसे हमारे सारे शरीर पर नील पड़ गए।

(भुजाएँ दिखाती है, जिस पर नीले-नीले निशान पड़े हुए हैं।)

एक सेविका : *(मालिन से)* अरी दुश्मन! यह क्या किया तूने? यह क्या किया? राजामाता को घायल कर दिया?

दूसरी सेविका : तुझे क्या पता है निर्मोही, राजमाता की कोमलता का तुझे क्या पता है?

मालिन : मैंने तो एक-एक फूल ध्यान से चुना था, राजमाता। देखिए, मेरे हाथ काँटों के बीच से गुलाब के फूल चुनते-चुनते घायल हो गए

(हाथ खोलकर महारानी की तरफ फैलाती है।)

महारानी : अरी तेरे हाथ और हमारी पीठ बराबर हैं क्या?

मालिन : नहीं राजमाता, नहीं।

एक सेविका : *(दूसरी से)* पर आ बहन, तनिक सेज के फूलों को तो देखें, उनमें कोई काँटा तो नहीं रह गया था?

(दोनों जाती हैं। शयनकक्ष में बिस्तर पर बिछे फूलों को एक-एक करके चुनती हैं। एक सेविका तीन-चार फूल हाथ में लेकर वापस आती है।)

सेविका : काँटा तो कोई नहीं है राजमाता, सेज के फूलों में।

महारानी : *(आश्चर्य से)* नहीं है! फिर सारी रात क्या चीज चुभती रही हमारे शरीर में?

दूसरी सेविका : *(महारानी को फूल दिखाते हुए)* फूलों की जड़ में छोटे-छोटे डंठल रह गए हैं, राजमाता?

सेविका : इन्हीं ने कष्ट दिया होगा रात-भर आपको।

(महारानी हाथ में फूल लेकर देखती है।)

सेविका : देखिए ना महारानी, ये डंठल कितने कठोर हैं। ऐसा कोमल शरीर इन्हें कैसे सहन कर पाता!

महारानी : तभी तो सारी रात करवट पर करवट लेते बीत गई।

मालिन : पर राजमाता! बिना डंठल के तो फूल होता ही नहीं। हर फूल में डंठल होती है।

महारानी : फूल में डंठल हो या न हो तेरी बुद्धि में जरूर डंठल है। उस डंठल को तुड़वाकर ही सीधी होगी तू।

(सेविका खुशामद भरी हँसी हँसती है।)

एक सेविका : अब तो इसे क्षमा कीजिए राजमाता। आगे से यह ऐसी गलती नहीं करेगी।

महारानी : दंड के बिना क्षमा का कोई विधान नहीं है न्याय में। समझी।

मालिन : *(हाथ जोड़कर)* दुनिया में हमारा और कौन है राजमाता! नीचे आप हैं ऊपर प्रभु। धूप में डालो या छाँव में।

महारानी : *(क्रोध से)* ऊपर प्रभू है, तो प्रभू के पास भेज दूँ तुझे।

मालिन : *(भय से काँपती हुई)* नहीं-नहीं राजमाता, नीचे भी आप। प्रभू नहीं, प्रभू नहीं।

महारानी : कल इसी समय तेरे मुकदमे की पेशी होगी। तभी तेरी इस लापरवाही का दंड सुनाया जाएगा।

(दृश्य बदलता है। मालिन चली जाती है। वह घर पर पहुँचकर अपने पति को सारी घटना सुनाती है।)

मालिन : *(पति से)* क्या सचमुच इतनी ही कोमल खाल है महारानी की! फूलों की छोटी-छोटी डंठलों से नील पड़ गए उनके शरीर में?

माली : अरी छोटो-मोटो की माँ, तू क्या जाने? जब भगवान ने रूप दिया है तो नजाकत भी अपने आप आ जावे है। नखरे हैं नखरे, खालम खाली के।

मालिन : पर यह तो वह मामला हो रहा है मेरे साथ, हमारी जान गई आपकी अदा ठहरी।

माली : *(कान पर हाथ रखकर पंक्ति दुहराता है)* हमारी जान गई आपकी अदा ठहरी।

मालिन : तुझे सूझ रई है हँसी। मेरी जान पर बनी है।

माली : जान-वान पर कुछ नहीं बनेगी। थोड़ा बहुत दंड तो भोगना ही पड़ेगा। राजा लोगों की बात ही क्या है, इनकी तो चित्त भी अपनी और पट्ट भी।

(दृश्य बदलता है। सुबह-सुबह सेविकाओं के बीच राजमाता विराजमान हैं। मालिन उपस्थित होती है।)

महारानी : *(ऊँचे स्वर में)* हमने तुम्हारी भूल के लिए तुम्हें दंडित करने का निर्णय लिया है। मालिन, तुम्हें इसी तरह तड़प-तड़पकर रात काटनी होगी, जैसे हमने काटी है।

मालिन : मुझे मंजूर है राजमाता, मुझे मंजूर है।

महारानी : तुझे आज इसी राजभवन में काँटों से भरे बिस्तर पर सोना होगा। दो सेविकाएँ तेरी देख-रेख के लिए नियुक्त रहेंगी, ताकि तू काँटों की सेज से उठकर भाग न सके।

मालिन : *(सिर झुकाकर और हाथ जोड़कर)* जैसा आदेश राजमाता। दंड आप देंगी तो दया भी आप ही करेंगी। आप महान हैं।

महारानी : *(एक सेविका से)* बबूल के काँटे लाकर सेज तैयार की जाए।

एक सेविका : इससे तो बहुत कष्ट होगा महारानी मालिन को। मारी जाएगी बेचारी कुत्ते की मौत।

महारानी : तो क्या बीती रात हमें कम कष्ट हुआ था?

सेविका : जैसी आज्ञा। आदेश का पालन होगा।

(दृश्य बदलता है। राजभवन के एक कक्ष में काँटों की सेज तैयार की जाती है। रात का समय है। दो सेविकाएँ मालिन को लाती हैं और काँटों की सेज पर पटक देती हैं।)

एक सेविका : ले, अब इन काँटों पर सोकर देख, मालिन की बच्ची।

मालिन : मुझे तो जो कष्ट होगा, भुगत लूँगी। तुम कहो, तुम्हें किस अपराध में जागना होगा, मेरे संग?

सेविका : मैं तो पीसूँ पधान के, मेरे पीसे पीसनहारी। वही

कहावत हुई ना।

दूसरी सेविका : नहीं यह नहीं। इस पर तो वह कहावत सिद्ध होती है, जिसमें चने के साथ घुन को पिसते दिखाया गया है।

पहली सेविका : तो क्या तू घुन रही है मालिन के चनों को।

मालिन : करवट बदलते हुए हलकी-सी सिसकी लेती है। अरी बहनो! इस मौके का एक-एक चुटकुला सुनो।

सेविका : सुनाओ-सनाओ।

मालिन : किसी मूर्ख के घर में रात के समय एक चोर घुस आया। चोर का घुसना था कि मूर्ख की आँख खुल गई। देखता क्या है कि चोर घर में ढूँढ मचाने में जुटा है। मूर्ख ने चोर को ललकारा। चोर भाग खड़ा हुआ। चोर भागा तो मूर्ख भी भागा। एक मील, दो मील, तीन मील, चार मील भागता गया, भागता गया।

सेविका : तो हुआ क्या?

मालिन : तो फिर हुआ यह कि सुबह मूर्ख अपने मित्रों में डींग हाँक रहा था। मैंने चोर को रात चार मील तक भगाया। यह सुनकर मित्र बोले, 'पर महाराज, यह तो बताओ, तुम कितनी दूर भागे उसके पीछे?

सेविका : हाँ, तुम ठीक कहती हो मालिन। तुम तो भाग ही रही हो, हम बेमतलब तुम्हारे पीछे भाग रहे हैं।

मालिन : भाग नहीं रही हो, बेमतलब जाग रही हो, मेरे साथ।

(मालिन यह कहकर करवट बदलती है। कुछ क्षण बाद उसे नींद आ जाती है। उसके मुख से खर्राटे निकलने लगते हैं।)

एक सेविका : अरे, मालिन तो सो गई। काँटों के बिस्तर पर नींद आ गई इसे।

दूसरी सेविका : यह हाड़-मास की बनी है या लोहे की!

पहली सेविका : देखो कैसी चैन से सो रही है मानो कोई काँटा चुभ ही नहीं रहा हो इसे?

दूसरी सेविका : अरी, जब यह सो ही गई तो चलो हम भी सो ही लें।

पहली सेविका : नहीं री, यह भूल मत करना, नहीं तो मारी जाओगी।

दूसरी सेविका : क्यों?

पहली सेविका : अगर महारानी के सिर में सींग समा गए और वह निकल आई टोह लेने तो मुसीबत में आ जाओगी। लेने के देने पड़ जाएँगे हमें।

दूसरी सेविका : तुम ठीक कहती हो, बहना। सूली पर चढ़वा देंगी राजमाता हम दोनों को।

(दोनों रात-भर मालिन के सिरहाने बैठी जागती रहती हैं। मालिन बेखबर सोती रहती है। सुबह हो गई है। महारानी अपने शयन-कक्ष से निकलकर बाहर आती हैं।)

महारानी : अरे चंपा, अरे सुगंधी।

(दोनों सेविकाएँ भागी आती हैं।)

सेविका : जी राजमाता जी। *(झुककर)* आदेश दें।

महारानी : *(जिज्ञासापूर्वक)* क्या हुआ मालिन का, अक्ल ठिकाने आई उसकी या नहीं?

सेविका : अक्ल तो ठिकाने तब आए महारानी जी, जब अक्ल हो उसके पास!

महारानी : क्यों काँटों की सेज पर उसे कष्ट नहीं हुआ क्या?

सेविका : बिलकुल नहीं राजमाता, बिलकुल नहीं। वह तो सारी रात चैन की नींद सोई। खर्राटे भर कर।

महारानी : *(आश्चर्य से)* यह कैसे हो सकता है? यह कैसे हो सकता है? क्या बक रही हो तुम? अरे क्या बबूल के

ऐसे तीखे काँटों पर भी सो सकता है कोई! दिमाग तो नहीं चल गया तुम्हारा?

सेविका : नहीं राजमाता। मालिन तो रात-भर पैर फैलाकर सोई। बस हम दोनों जागती रहीं, बेमतलब।

महारानी : अच्छा, बुलाओ मालिन को।

(मालिन को बुलाया जाता है। वह झुककर महारानी को प्रणाम करती है।)

सेविका : इसके लिए तो शूल भी फूलों की सेज बन गए राजमाता। रात-भर आराम से सोती रही मालिन।

महारानी : *(मालिन से जिज्ञासापूर्वक पूछती है।)* क्यों मालिन, काँटों पर कष्ट नहीं हुआ तुझे?

मालिन : नहीं राजमाता।

महारानी : क्यों, इसका क्या रहस्य है?

मालिन : नींद तो सूली पर भी आ जाती है, राजमाता!

राजमाता : अरे, तू आदमी है या पत्थर की सिल है?

(दृश्य बदलता है। महारानी और महाराजा एक-दूसरे से वार्ता करते हुए दिखाई देते हैं)

महाराजा : *(समझाते हुए)* काँटे नींद को नहीं रोकते हैं रानी। नींद को जो चीज रोकती है, वह कुछ और ही है।

राजमाता : पर मुझे तो फूलों की चुभन भी कचोटती रही रात-भर।

महाराजा : हाँ, जो तुम कहती हो वह भी ठीक है और जो मालिन पर गुजरी, वह भी ठीक है?

महारानी : *(अविश्वास के स्वर में)* दोनों बातें कैसे ठीक हो सकती हैं, स्वामी!

महाराजा : *(समझाते हुए)* बताता हूँ, बताता हूँ।

महारानी : मालिन ने अवश्य मेरे साथ छल किया है। मैं इसे दंड दूँगी। मैं इससे कड़ा दंड दूँगी।

महाराजा : पहले तुम ऐसा करो, आज सारी दासियों को छुट्‌टी पर भेज दो।

महारानी : इससे क्या होगा महाराज?

महाराजा : रसोई में जाकर खाना बनाओ। राजभवन की सफाई खुद करो। बाल-बच्चों को खुद तैयार करो।

महारानी : यह सब काम मैं करूँ, मैं?

महाराजा : हाँ तुम! करके तो देखो।

(दृश्य बदलता है। महारानी घर की सफाई करती है, रसोई में खाना बनाती है। धीरे-धीरे रात हो जाती है। राजमाता थककर पसीना-पसीना हो गई हैं।)

मालिन : फूलों की सेज सजाऊँ, राजमाता!

महारानी : नहीं, मुझे बहुत नींद आ रही है। मुझे सोने दो। मैं बहुत थक गई हूँ।

(महारानी नंगे पलंग पर आँख मूँद लेती हैं और सो जाती हैं।)

महाराजा : *(ठहाका लगाते हुए)* थके आदमी के लिए क्या काँटों का बिस्तर, क्या फूलों की सेज। राजमाता उठ जाएँ तो उन्हें बताना कि नींद न जाने टूटी खाट।

(महाराजा ठहाका लगाते हैं।)

समाप्त

बेरी को सजा

❑

पात्र-परिचय

राजू

राजू की मम्मी

राजू के पिता

राजू की बहिन पिंकी

(शाम का समय है। राजू बाहर से भागता हुआ घर में प्रवेश करता है। उसने नेकर और शर्ट पहन रखी है। मम्मी राजू की बड़ी बहन सोना के फ्रॉक में बटन टाँक रही है। सोना निकट की कुर्सी पर बैठी किताब पढ़ने में व्यस्त है। राजू घर में घुसते ही मम्मी को आवाज देता है।)

राजू : मम्मी-मम्मी। डिटोल है, आपके पास!

मम्मी : *(सिर झुकाए-झुकाए)* क्यों क्या हो गया है? क्या करेगा डिटोल का?

राजू : लाइए तो।

मम्मी : *(उसी तरह ध्यान दिए बिना)* कुछ बताएगा भी या डिटोल-डिटोल ही रटे जाएगा। बोल तो सही क्या करना है डिटोल का?

राजू : *(मम्मी के बिलकुल निकट आते हुए)* देखिए मम्मी, मेरी हथेली *(बायाँ हाथ खोलकर दिखाता है)* कितनी खरोंचें लगी हैं। देखिए।

मम्मी : *(दुख और आश्चर्य से)* हाय-हाय राजू! कहाँ से हथेली लहूलुहान कर लाया? कहाँ जा घुसा था?

राजू : कहीं नहीं मम्मी, बस यों ही।

मम्मी : बस यों ही क्या? बताता क्यों नहीं है, ठीक-ठीक।

पिंकी : राजू पूरा शैतान है शैतान। जा घुसा होगा किसी झाड़-झंखाड़ में।

राजू : *(पाँव का तलुआ दिखाते हुए)* और यह भी देखिए मम्मी! कितना गहरा काँटा चुभा था तलुए में, वह तो निकाल दिया मैंने।

मम्मी : पर यह हुआ कैसे बेटे, सारी हथेली पर खरोंचें, तलुए में घाव। कहाँ था तू?

पिंकी : छोड़िए भी मम्मी! कहीं कर रहा होगा जंगल में शैतानी।

मम्मी : पिंकी जा, डिटोल की शीशी उठा ला।

(पिंकी डिटोल की शीशी उठाकर लाती है। माँ राजू की हथेली और पाँव को पानी से साफ करके उस पर डिटोल लगाती है।)

राजू : *(सिसकारी भरते हुए)* बड़ा दुख लग रहा है मम्मी।

पिंकी : जब हथेली गुदवा रहा था, तब दुख नहीं लगा था क्या?

मम्मी : पर बेटे यह तो बता, तुझे ये खरोंचें लगी कहाँ?

राजू : *(बतलाते हुए)* मैंने बेरी के एक पेड़ को सजा दी है मम्मी।

मम्मी : *(आश्चर्य से)* बेरी के पेड़ को सजा दी थी? क्या मतलब?

राजू : हाँ मम्मी! सजा दी थी, बेरी के पेड़ को।

पिंकी : अब कुछ बताएगा भी या यों ही पहेलिया बुझाता रहेगा?

राजू : *(जोर देते हुए)* बता तो दिया, बेरी क पेड़ को सजा दी थी।

मम्मी : अक्ल बेच के आ रहा है क्या? कहीं पेड़-पौधों को भी सजा दी जाती है!

राजू : दी क्यों नहीं जाती? जब गलती करने पर आदमी को सजा दी जा सकती है, कुत्ते को सजा दी जा सकती है, तो पेड़ को सजा क्यों नहीं दी जा सकती?

पिंकी : मम्मी, राजू तो जन्म का शैतान है। आप कहाँ इसके चक्कर में पड़ गईं?

राजू : नहीं-नहीं, मैं सच कहता हूँ। मैंने बेरी के पेड़ को सजा दी।

मम्मी : पर क्यों? क्या किया था बेरी के पेड़ ने?

राजू : *(एक-एक शब्द को रुक-रुककर बोलते हुए)* बात यह हुई मम्मी! शाम जब मैं खेलने के लिए मैदान में जा रहा था तो वहाँ बेरी का एक छोटा-सा पेड़ है।

पिंकी : तो क्या बेर तोड़ने के लिए चढ़ गए थे तुम बेरी के पेड़ पर?

राजू : नहीं-नहीं, सुनो तो सही दीदी, पूरी बात।

मम्मी : हाँ-हाँ, बेरी का पेड़ है, खेल के मैदान में कहीं?

राजू : हाँ मम्मी! जब मैं भागता हुआ उस पेड़ के नीचे से गुजरा तो वहाँ एक काँटा मेरे पैर में चुभ गया।

मम्मी : काँटा चुभ गया, फिर क्या हुआ?

राजू : काँटा तो मम्मी निकाल दिया मैंने। पर मुझे इतना गुस्सा आया, इतना गुस्सा आया कि कुछ पूछिए मत, मम्मी।

पिंकी : गुस्सा किस पर आया राजू, अपने आप पर!

राजू : अपने आप पर नहीं दीदी, बेरी के पेड़ पर।

मम्मी : बेरी के पेड़ पर गुस्सा आया? तो फिर क्या किया तूने?

राजू : बस मम्मी! काँटा तो मैंने निकाल लिया। फिर मैं दौड़ा-दौड़ा अपने साथी धर्मदास के यहाँ गया?

मम्मी : *(जानने की इच्छा से)* क्यों धर्मदास के यहाँ क्यों गया?

राजू : वहाँ से मैं एक दराँती लेके आया और मैंने काँटों से भरी बेरी की शाखाएँ काट डालीं। न रहेगा बाँस, न बजेगी बाँसुरी।

पिंकी : ऐसा क्यों किया राजू तुमने!

राजू : मैंने बेरी को सजा दी। अब बेरी अपना काँटा गिराकर किसी का पाँव नहीं फोड़ेगी।

मम्मी : *(प्रश्नवाचक स्वर में)* पर वे शाखाएँ जो तुमने काट डालीं, उनके काँटे?

राजू : इतना मूर्ख नहीं हूँ मम्मी मैं। वे सारी शाखाएँ मैंने उठाकर तालाब में फेंक दीं।

मम्मी : *(निश्चिंतता के स्वर में)* हाँ तो यों कहो, बेरी की काँट-छाँट में तुम्हारी हथेली घायल हुई है!

राजू : काँट-छाँट में नहीं माँ, बेरी को उसके किए का दंड देने में।

पिंकी : *(हँसते हुए)* तुम्हारी तो अक्ल चरने गई है राजू।

मम्मी : इतना बड़ा हो गया, समझ नहीं आएगी क्या तुझे, मेरे बावले बेटे!

(अचानक बाहर से राजू के पिता घर में प्रवेश करते हैं।)

मम्मी : देख ली आपने अपने बेटे की करतूत!

पिता : क्या हुआ? कुछ बताओगी भी!

मम्मी : बेरी का काँटा पाँव में चुभ गया था लाड़ले के, बस फिर क्या था बेरी को सजा दे डाली और उसकी सारी टहनियाँ काट के फेंक दीं। बदले में हथेली जख्मी कर लाया। देखिए इसकी हथेली।

पिता : *(ठहाका मारकर हँसता है)* अरे क्या देखूँ? बुद्धिमान बहुत है ना बेटा। चला था पेड़ को सजा देने।

राजू : इसमें गलत क्या है पापा! बेरी ने मुझे दुख दिया मैंने उसे सजा दी। हिसाब बराबर हुआ।

पिता : हाँ बेटे! तू भी किसी बादशाह से कम नहीं है।

राजू : *(आश्चर्य के साथ)* क्या कहा पिताजी, बादशाह से?

पिता : हाँ-हाँ ईरान के बादशाह से, जिसने नदी को सजा दी थी।

राजू : *(पूछते हुए)* नदी को सजा दी थी, वह कैसे पापा?

पिता : *(कथा सुनाते हुए)* एक बार ऐसा हुआ बेटे कि ईरान के बादशाह का साईस घोड़े को पानी पिलाने नदी पर गया।

मम्मी : *(नाराजी-भरे स्वर में)* बेटे की नादानी पर उसे समझाते तो क्या, न जाने कहाँ की कहानी ले बैठे!

पिता : अरी सुनो तो सही, बड़ा मजे का किस्सा है।

राजू : हाँ पापा, फिर क्या हुआ?

पिता : हाँ तो बादशाह का साईस घोड़े को पानी पिलाने के लिए नदी पर पहुँचा। उसने घोड़े को पानी के अंदर हाँका। अचानक घोड़े का पाँव फिसला। वह गहरे पानी में जा गिरा और तेज पानी की धारा उसे बहा ले गई।

राजू : फिर क्या हुआ पापा?

पिता : फिर हुआ यह बेटे! साईस ने लौटकर बादशाह को सूचना दी कि घोड़े को नदी का पानी बहाकर ले गया है। घोड़ा मर गया है।

राजू : *(जिज्ञासापूर्वक)* बादशाह ने यह सूचना पाकर क्या किया, पापा जी?

पिता : बादशाह को इतना गुस्सा आया, इतना गुस्सा आया कि बस कुछ पूछो मत।

राजू : मुझे भी ऐसा ही गुस्सा आया था पापा जी, काँटा चुभने पर।

मम्मी : दोनों बाप-बेटे कैसा स्वर मिला रहे हैं? समझ की कोई बात तो करनी ही नहीं है इन्हें।

राजू : *(फिर पूछता है)* तो फिर बादशाह ने क्या किया, पिता जी?

पिता : बादशाह ने नदी को सजा दी।

राजू : जैसे मैंने बेरी को सजा दी है।

पिता : हाँ-हाँ राजू, बिल्कुल ऐसे ही।

राजू : मैंने तो बेरी की डालियाँ काट दीं, बादशाह ने क्या किया?

मम्मी : *(नाराजी-भरे स्वर में)* अरे भाई! अब यह ऊटपटाँग किस्सा छोड़ो, मैं खाना लगाए देती हूँ। खाना खाओ। और राजू तुम पढ़ने बैठो। तुम्हें तो अभी होमवर्क भी करना है।

पिंकी : यह होमवर्क क्या करेगा, पेड़-पौधों को सजा देता फिरेगा, मम्मी!

पिता : अरे, तुम सुनो तो सही, आगे क्या हुआ?

राजू : हाँ सुनाइए, पापा जी।

पिता : बादशाह गुस्से में आपे से बाहर हो गया। बोला, नदी की इतनी हिम्मत जो मेरे घोड़े को डुबाकर मार दे।

नदी को उसकी इस गुस्ताखी के लिए सजा मिलेगी। कड़ी से कड़ी सजा मिलेगी।

मम्मी : बादशाह पागल था क्या? पानी को भी कोई सजा देता है क्या?

पिंकी : और तो क्या बेरी को सजा देता है कोई?

पिता : फिर तो बेटे! बादशाह ने अपने सेवकों को बुलाया उसने आदेश दिया कि नदी से उसका पानी निकालकर बाहर फेंक दो। न रहेगा बाँस, न बजेगी बाँसुरी।

राजू : न रहेगा पानी, न डूबेगा घोड़ा।

पिंकी : बिलकुल ऐसे ही राजू जी, जैसे न रहेगी बेरी, न चुभेगा काँटा।

राजू : पर पापा जी! बेरी की टहनी तो कट सकती है। नदी का पानी कैसे सुखाया जा सकता है?

पिता : *(सिर हिलाते हुए)* हाँ, यही तो समस्या आई बादशाह के सामने।

राजू : फिर क्या हुआ?

पिता : बादशाह बोला, नदी को जो सजा दी जा चुकी है, वह माफ नहीं होगी। मौत की सजा। नदी ने शाही घोड़े को मारा, हम नदी को मारकर छोड़ेंगे, मिटाकर छोड़ेंगे।

(राजू ताली बजाकर हँसता है।)

मम्मी : *(प्रसंग में अपनी रुचि दिखाते हुए)* बादशाह ने नदी को मौत के घाट कैसे उतारा! जल्दी से अंत भी करो किस्से का।

पिता : बादशाह तो पूरे क्रोध में था, जैसे हमारे राजू बेटे गुस्से में थे। बादशाह ने आदेश दिया कि छोटे-छोटे नाले बनाकर नदी का सारा पानी रेगिस्तान में ले

आओ। यहाँ तक कि सारा पानी समाप्त हो जाए।

राजू : यह तो बड़ा मुश्किल काम था, पापा।

पिता : हाँ बेटा! पर वह तो बादशाह था, सैकड़ों-हजारों मजदूर लग गए। दिन-रात छोटे-बड़े नालों की खुदाई होने लगी।

पिंकी : बादशाह का तो सारा खजाना लग गया होगा, इस काम में।

पिता : हाँ बेटा, साल-भर तक हजारों मजदूर लगे रहे। जितना पैसा खजाने में था, वह सारा खर्च हो गया।

पिंकी : तो क्या नदी का पानी सूख गया?

पिता : हाँ बेटी! नदी का सारा पानी नालियों से बहाकर रेगिस्तान में पहुँचा दिया गया। वहाँ उसे सूखे रेत ने पी लिया। नदी समाप्त हो गई।

राजू : *(ताली बजाते हुए)* नदी को सजा मिल गई पापा, मिल गई ना!

पिता : हाँ बेटा मिल गई। पर हुआ क्या, एक दिन ऐसा आया कि बादशाह सिर पीटकर रह गया।

राजू : क्यों पापा जी, क्या हुआ उसके साथ?

पिता : हुआ यह राजू बेटे! बरसात का मौसम आया तो उस साल भारी वर्षा हुई। रात-दिन पानी बरसा, दिन-रात पानी बरसा।

राजू : सारी खेती नष्ट हो गई होगी, पापा ईरान की।

पिता : खेती की बात नहीं है, राजू सुनता जा। जरा ध्यान से सुनता जा।

राजू : सुनाइए पापा, सुनाइए।

पिता : दिन-रात की घनघोर वर्षा से, वे सारे बाँध टूट गए, जिनसे नदी के पानी को रोका गया था।

राजू : तब-तब क्या हुआ, पापा!

पिता : तब बेटे, नदी में पानी भरता गया, भरता गया। यहाँ तक कि बाढ़ आ गई और पानी नदी के किनारों से छलक-छलक बाहर निकलने लगा।

राजू : *(आश्चर्य से आँखें फाड़े हुए)* तो क्या नदी जीवित हो गई। जैसी थी वैसी ही बन गई? सजा का कोई असर नहीं पड़ा उस पर!

पिता : बिलकुल नहीं राजू, बिलकुल नहीं।

राजू : खजाना गया और नदी को सजा भी नहीं मिली।

पिता : हाँ बेटे।

मम्मी : और अब राजू बेटे को यह भी तो बता दो कि यहाँ भी बरसात आएगी, पानी बरसेगा और बेरी का वह पेड़ उसी तरह काँटों-भरी टहनियों से लद जाएगा, जैसा वह था।

पिंकी : और राजू भाई की दी हुई सजा धरी की धरी रह जाएगी। समझे राजू जी!

(सब हँसते हैं।)

समाप्त

साधु भगतराम

❑

पात्र-परिचय

भिखारी भगतराम

गाँव के किसान

गाँव का प्रधान

भिखारी की पत्नी सावित्री

मुनादीवाला

विद्वान

(भगवा वस्त्र धारण किए हुए, गले में लंबी-सी माला डाले हुए, कंधे पर झोली लटकाए हुए और हाथ में कमंडल लिए हुए एक साधु भीख माँगता हुआ दिखाई देता है। वह गाँव में एक-एक द्वार पर जाता है और आवाज लगाता है।)

भगतराम : जय शंकर भोले की! जय हो, जय हो। कुछ दान-दक्षिणा मिलेगी माई।

(महिलाएँ, बच्चे भगतराम की झोली में गेहूँ आदि डालते हुए दिखाई देते हैं। भगतराम की आवाज बार-बार गूँजती है।)

भगतराम : जय शंकर भोले की। जय हो, जय हो।

(रास्ते में एक बूढ़ा किसान भगतराम भिखारी की अनाज से भरी झोली की ओर इशारा करते हुए उसे टोकता है।)

किसान : क्यों भगतराम! काफी धन जमा कर लिया होगा अब तक तो। तेरा काम बढ़िया भगते। जोतना न बोना, फसल चोखी काटना।

भगतराम : कैसी बात कर रहे हो, महाराज। दो जून रोटी जुटाना भी मुश्किल है।

किसान : किसान तो फसल छः महीने बाद रो-रोकर काटे है। तेरी फसल तो रोज कट जावे है। जिस दर जाएगा, भिक्षा तो मिलेगी ही, कुछ-न-कुछ।

भगतराम : हाँ भाई, तुम जैसे दानवीरों की कृपा से गुजारा चल ही जाता है।

किसान : गुजारा चल जावे कि घी-चुपड़ी मिल रही है।

भगतराम : कैसी बात कर रहे हो महाराज! दूर के ढोल सुहावने ही मालूम पड़ते हैं। अपनी अक्ल और दूसरे की स्त्री ही बढ़िया लगती है, आदमी को।

किसान : अब ज्यादा विद्या तो बघार मत। तू कौन-सी पराई स्त्री है मेरे लिए? मैं तो तेरी नस-नस से परिचित हूँ।

भगतराम : परिचित होते तो ऐसी बात नहीं करते महाराज। रूखी-सूखी खाकर गुजारा चला रहा हूँ, भाई।

किसान : क्यों गाँववालों को उलाहना दे रहा है भगतराम। सरम कर सरम। सवेरे से साँझ तक घर-घर जाकर अनाज तो ऐसे वसूल करे है, जैसे उधार उगा रहा हो!

भगतराम : हे भगवान, दया करो, दया करो।

किसान : दया तो भगवान कर ही रहा है तुझ पर, भगतराम। अब यह तो बता कितने लाख जमा कर लिए हैं, अब तक बैंक में।

भगतराम : बैंक तो बैंक है। गुदड़ी में भी कानी कौड़ी ना है, भाई।

किसान : गुदड़ी में लाल छिपे हैं तेरे ही जैसे लोगों की। खेती से तो भीख अच्छी। करना न धरना, माल-पूआ भरना।

भगतराम : अब भैया जी, मैं तुम्हें कैसे समझाऊँ? बड़े अभाव में हूँ मैं।

किसान : लुभाव में जी रहा है और बता रहा है अभाव। मैं तो गाँव में ढिंढोरा पिटवाने वाला हूँ।

भगतराम : क्या ढिंढोरा पिटवाने वाले हो महाराज?

किसान : अच्छा यह बता भगतराम, दिन-भर में कितना अनाज इकट्ठा कर लेता है तू।

भगतराम : यही कोई चार कटोरे।

किसान : चार कटोरे रोज। लो राम का नाम। चार कटोरे रोज दान में अनाज इकट्ठा कर लेते हो, फिर भी दो जून की रोटी नई मिलती। मुझे उल्लू समझ रहा है क्या?

भगतराम : भैया, देनदारी बहुत है, मेरे जिम्मे।

किसान : मैं अभी गाँव के प्रधान से कहूँगा। तब सबके सामने अपनी बात बताना।

(दृश्य बदलता है। चौपाल पर कई लोग जमा हैं। एक मूँढे पर भिखारी भगतराम चुपचाप बैठा है।)

एक किसान : क्यों भगतराम! जब रोजाना चार कटोरे अनाज इकट्ठा कर लेता है तो तेरे घर में तो धान-गेहूँ के ढेर लग गए होंगे।

भगतराम : दाना तक नहीं बचता महाराज। रोज का रोज खत्म हो जाता है।

प्रधान : चार जने तुम सारे हो। दो तुम मिया-बीबी, एक

छोकरा, एक छोकरी। चार कटोरे नाज तो खाने से रहे। अरे किसके लिए जोड़-जोड़कर रख रहा है, भगतराम?

भगतराम : राम का नाम लो। महाराज राम का नाम लो।

प्रधान : अच्छा बता, तो चार कटोरे अनाज का करता क्या है?

भगतराम : सच मानो तो बताऊँ।

प्रधान : बता, बता।

भगतराम : प्रधान जी, चार कटोरों में से एक कटोरा तो मैं देवी को भेंट कर देता हूँ। एक कटोरा उधार में दे देता हूँ। तीसरा कटोरा बहते पानी की धारा में डाल देता हूँ और चौथा मंदिर के देवता के भोग में लग जाता है।

प्रधान : बकवास कर रहा है, भगतराम, बिलकुल बकवास।

सारे किसान : झूठ है, झूठ है।

प्रधान : ऐसा बावला कोई नहीं है दुनिया में, सारे दिन भीख माँगेगा और साँझ को एक कटोरा बहते पानी में डाल देगा, एक उधार में दे देगा, एक देवी की भेंट चढ़ा देगा और एक मंदिर के देवता के भोग में लगा देगा।

भगतराम : सच कहता हूँ प्रधान जी। ऐसा ही करता हूँ मैं, बिलकुल ऐसा ही।

एक किसान : अरे, जब चार के चार कटोरे बँट गए तो खाता क्या है, ईंट-पत्थर।

दूसरा किसान : हवा खाता है, हवा।

तीसरा किसान : और हवा खाकर हवा में गाँठ लगाता है।

प्रधान : कौन विश्वास करेगा भगतराम तेरी बात का। भीख का सारा अनाज बरबाद करके तू जीता कैसे है?

एक किसान : एक कटोरा अनाज दरिया में बहाना तो कोरी गप्प है।

भगतराम : गप्प नहीं महाराज, गप्प नहीं है।

प्रधान : गप्प नहीं है तो मूर्खता है, पागलपन है।

एक किसान : 'नेकी कर दरिया में डाल' की कहावत तो बड़े-बूढ़ों से सुनते आए थे, 'भीख माँगकर दरिया में डाल' का किस्सा सुना भगतराम जी से।

प्रधान : जब भगतराम भिक्षा का सारा अनाज यों ही नष्ट कर देता है तो गाँववालों से कहना पड़ेगा कि कोई भी भगतराम को भीख न दे।

(दृश्य बदलता है। गाँव के चौराहे पर मुनादीवाला मुनादी कर रहा है।)

मुनादीवाला : सब गाँववालों को खबर दी जाती है कि आज से भगतराम भिखारी को कोई व्यक्ति भीख नहीं देगा। गाँव के प्रधान का यही निर्णय है।

एक व्यक्ति : *(मुनादी वाले को टोकते हुए)* क्यों भाई! ऐसा क्या पाप किया है, भगतराम ने।

मुनादीवाला : प्रधान का कहना है कि भगतराम झूठा है, पाखंडी है। वह दान का अनाज दरिया में बहा देता है।

व्यक्ति : दरिया में, जल में, अच्छा! धूर्त कहीं का।

(मुनादी वाले की आवाज फिर गूँजती है।)

मुनादीवाला : आज से कोई गाँववाला भिखारी भगतराम को भीख नहीं देगा। प्रधान का निर्णय है। सुन लो भाइयो, सुन लो।

(दृश्य बदलता है। भिखारी भगतराम अपने घर में पत्नी और बच्चों के साथ बैठा बात करता दिखाई देता है।)

भगतराम : *(चिंतित स्वर में)* प्रधान ने गाँव में मेरी भीख बंद करा दी है, चंपा की माँ।

सावित्री : *(परेशानी के साथ)* अब क्या होगा? रोटी कैसे चलेगी जी?

भगतराम : वही तो सोच रहा हूँ, चंपा की माँ।

सावित्री : तुमने ऐसा कौन-सा पाप किया था चंपा के बापू, जिसका ऐसा दंड दे रहे हैं, गाँववाले।

भगतराम : प्रधान ने पूछा था कि तुझे दिन-भर में कितनी भीख मिल जाती है?

सावित्री : फिर तुमने क्या कहा?

भगतराम : मैंने सच-सच बता दिया, चार कटोरे मिलती है। एक कटोरा दरिया के पानी में बहा देता हूँ, एक देवी की भेंट करता हूँ, एक उधार में देता हूँ और एक से मंदिर में देवता को भोग लगाता हूँ।

सावित्री : तो इसमें चिढ़ने की कौन-सी बात थी?

भगतराम : प्रधान कहता है, जब तू सारा अनाज इधर-उधर फेंक देता है तो खाता क्या है? वह मुझे झूठा और पाखंडी मान रहा है।

सावित्री : पर तुमने भी तो बात ऐसी कही, उलझाव वाली।

भगतराम : वह मुझसे इसका अर्थ पूछते तो सही।

सावित्री : अब क्या करें? गुजारा कैसे चलेगा?

भगतराम : चिंता किस बात की है सावित्री, जगत की झोली तंग नहीं है। *(हँसता है)*

सावित्री : यानी क्या मतलब?

भगतराम : चलो किसी और गाँव, किसी और नगर में चलते हैं।

(भगतराम अपने परिवार-सहित गाँव छोड़कर जाता हुआ दिखाई देता है। नए नगर में फिर वह गले में झोली डाले और हाथ में कमंडल लिए भीख माँगता दिखाई देता है।)

भगतराम : जय शंकर भोले की, जय हो। कुछ दान-दक्षिणा मिलेगी माई। जय भोले की।

(माताएँ-बहिनें भिखारी की झोली में धान-गेहूँ पलट रही हैं। बार-बार भगतराम की आवाज उभर रही है। राह चलते भगतराम को एक व्यक्ति टोकता है।)

व्यक्ति : क्यों महाराज? अब तो साँझ हो गई, कब तक द्वारे-द्वारे भिक्षा माँगोंगे? जाओ, अब घर की राह लो।

भगतराम : हाँ अब जाता हूँ। चार कटोरे रोज का औसत पूरा हो गया लगता है।

व्यक्ति : चार कटोरे रोज में क्या करते हो, महाराज?

भगतराम : यह बताने पर तो एक गाँव से निकाला गया हूँ भाई। क्या यहाँ से भी निकलवाओगे *(झूठी हँसी हँसता है।)*

व्यक्ति : पर कुछ बताओ तो सही।

भगतराम : इस शहर में कोई बड़ा विद्वान भी निवास करता है या नहीं।

व्यक्ति : हाँ करता है? क्यों?

भगतराम : तुम मुझे वहाँ ले चलो। मैं भीख में लिए गए अनाज का हिसाब वहीं दूँगा।

व्यक्ति : हिसाब नहीं माँग रहा हूँ महाराज, वैसे ही।

भगतराम : अरे भई, बड़ी ही निष्ठुर है यह दुनिया। भीख का भी हिसाब लेती है, भीख का भी *(व्यंग्य-भरी हँसी हँसता है।)*

(दृश्य बदलता है। दोनों एक विद्वान के पास बैठे दिखाई देते हैं।)

व्यक्ति : *(विद्वान से)* महापंडित, यह भगतराम दिन-भर में

चार कटोरे अनाज भीख में इकट्ठा करता है और हिसाब ठीक-ठीक न बता पाने के अपराध में एक गाँव से निकाल दिया गया है।

विद्वान : दान का हिसाब नहीं लेते हैं भाई। तुम इन्हें जाने दो।

भगतराम : पर मैं तो तैयार हूँ, हिसाब देने को। मैं कुछ भी छिपाता नहीं हूँ, महाराज।

विद्वान : छिपाते नहीं हो तो बोलो, तुम चार कटोरे अनाज का रोज क्या करते हो?

भगतराम : *(अपनी बात दोहराते हुए)* एक कटोरा देवी को भेंट में चढ़ाता हूँ। एक उधार में दे देता हूँ। तीसरा कटोरा बहते जल में डाल आता हूँ और चौथे से मंदिर के देवता को भोग लगता हूँ।

विद्वान : भीख माँगते हो और दरिया में डाल देते हो। अक्ल तो नहीं चल गई है तुम्हारी! पागल तो नहीं हो गए हो तुम?

व्यक्ति : सारा अनाज यूँ ही बँट-फिंक जाता है तो तुम खाते क्या हो, हवा फाँककर जीते हो क्या? पाखंडी कहीं के!

(दोनों हँसते हैं।)

भगतराम : इतने बड़े विद्वान होकर भी तुम मेरी बात नहीं समझे। तुम नहीं समझते तो गाँव के सीधे-साधे लोगों से ही क्या शिकायत!

विद्वान : अरे मूर्ख, इसमें कोई रहस्य हो तो समझूँ?

भगतराम : रहस्य है बाबा, रहस्य है।

विद्वान : रहस्य है तो बता।

भगतराम : सुनो महाराज! पहला कटोरा जो मैं देवी को भेंट चढ़ाता हूँ, वह देवी मेरी गृहिणी है, उसे भेंट नहीं

दूँगा तो घर-गृहस्थी नहीं चलेगी? दूसरा कटोरा जो मैं उधार में देता हूँ, वह उधार लेने वाला मेरा बेटा है। मैं उसे उधार इस कारण देता हूँ महाराज कि जब वह बड़ा हो जाए और मैं बूढ़ा, काम से मजबूर, तो वह मेरा यह उधार चुकता करे। मुझे मेरा ऋण चुकाए।

विद्वान : पर वह कटोरा जो तुम जल में बहा देते हो?

भगतराम : हाँ उसका रहस्य भी बताता हूँ, उसका रहस्य भी बताता हूँ महाराज। बेटियाँ जल के समान होती हैं। वह दरिया में झोंकने के समान ही हैं, महाराज।

विद्वान : और मंदिर के देवता को जो भोग देते हो तुम?

भगतराम : हाँ उसकी भी सुन लो महाराज! यह मेरी देह जो है महाराज, यह एक मंदिर ही है। उसके अंदर विराजमान मेरी आत्मा देवता के समान है। मैं अपने को जीवित रखने के लिए एक कटोरे अनाज से इसी देवता को भोग देता हूँ, अब बताओ क्या झूठ है, इसमें, क्या झूठ है इसमें?

(तीनों एक साथ हँसते हैं।)

समाप्त

राख का महल

❑

पात्र-परिचय

ननकू
ननकू की मौसी
ननकू की माँ
ननकू के पिता
ननकू की बहिन लाजो
दो मित्र सोनू और नीटू
लाटरी वाला

(मंच पर एक मध्यमवर्गीय परिवार के सदस्य दिखाई देते हैं। माता-पिता, बारह वर्षीय बालक ननकू, उसकी छोटी बहन लाजो तथा मेहमान मौसी सुबह का नाश्ता करने में व्यस्त हैं। ननकू स्कूल की ड्रेस में है और नाश्ते के बाद स्कूल जाने ही वाला है।)

ननकू : *(मौसी से)* आज क्यों जा रही हो मौसी? आज और रुक जाओ। अभी मेरा मन नहीं भरा।

मौसी : बेटा, कई दिन हो गए मुझे घर छोड़े हुए। पप्पू के पिता मेरी बाट देख रहे होंगे।

ननकू : अबके तो मौसी तुमने वह कहानी भी नहीं सुनाई, जिसमें राजकुमार की जान तोते में थी।

माँ : राजकुमार की जान तोते में हो या न हो, हमारे ननकू की जान तो मौसी में है ही।

(सब मिलकर ठहाका लगाते हैं।)

पिता : *(हँसते हुए)* हाँ-हाँ क्यों नहीं! मौसी भी तो ननकू को ऐसे ही लाड़ करती हैं।

लाजो : पर मुझे तो मौसी बिलकुल प्यार नहीं करती।

माँ : तू लड़की जो ठहरी।

पिता : तुझे तो मौसी पराया धन मानती है।

लाजो : तो क्या पराए को कोई कूड़े पे फेंक देता है!

मौसी : कैसी बुढ़िया जैसी बात कर रही है, यह जरा-सी गुड़िया।

लाजो : झूठ तो नहीं कह रही हूँ मौसी। पराए धन की तो और अधिक देखभाल करनी चाहिए।

पिता : हाँ-हाँ! तू ठीक कहती है बेटी। उचित देखभाल न हो तो अमानत में खयानत नहीं हो जाएगी!

मौसी : अच्छा बस अब चुप कर! छोकरियों की जुबान ज्यादा चलती हुई अच्छी नहीं लगती है।

ननकू : *(पास में रखा बस्ता उठाते हुए)* अच्छा तो मौसी, मैं चला स्कूल, राम-राम!

मौसी : *(अपने स्थान से उठते हुए)* युग-युग जियो, खुश रहो। पढ़-लिखकर बड़े आदमी बनो। बहुत-बहुत बड़े।

ननकू : जैसा लाँगफैलो था मौसी।

पिता : चल मूर्ख, लाँगफैलो जैसा नहीं, जैसे चाचा नेहरू।

(ननकू ताली बजाता और हँसता हुआ आगे बढ़ता है। मौसी उठकर उसके सिर पर दुलार से हाथ फेरती है और अपने पर्स से निकालकर बीस का एक नोट

उसकी जेब में डाल देती है।)

मौसी : ले, रख ननकू। कुछ खा-पी लेना और देख पैसे फिजूल के कामों में खर्च नहीं करना। तू तो बहुत अच्छा बेटा है, बहुत समझदार।

लाजो : *(ननकू को चिढ़ाते हुए)* समझदार कहाँ है मौसी। ननकू तो मूर्ख है, महामूर्ख।

ननकू : बड़ी आई मुझे मूर्ख बताने वाली। तुझे पैसे जो नहीं मिले, इसलिए चिढ़ रही है।

माँ : अच्छा! अब चुप भी जाओ। तकरार मत करो।

पिता : *(समझाते हुए)* अरे ननकू। तू इतने सारे पैसों का क्या करेगा! इन्हें अपनी माँ के पास जमा कर दे।

ननकू : अपना धन अपने पास ही ठीक होता है, पिताजी। अपने हाथ से गया तो पराया हुआ।

मौसी : देखो तो कितना चालाक हो गया है, हमारा ननकू बेटा! *(हँसती है)*

माँ : अच्छा ननकू यह बता, तू इन बीस रुपयों का क्या करेगा?

ननकू : *(बस्ता कमर पर लादकर स्कूल के लिए जाने की तैयारी करते हुए)* बीस के सौ बनाऊँगा, सौ के दो सौ बनाऊँगा। दो सौ के पाँच सौ। पाँच सौ के एक हजार। एक हजार के एक लाख और।

(ननकू की इस बात पर परिवार के सब सदस्य जोर से हँसते हैं।)

मौसी : *(हँसकर)* और जब लखपति हो जाएगा तो ब्याह करके चाँद-सी बहू लाएगा। बच्चे होंगे, परिवार होगा।

माँ : और तब ठोकर लगेगी और सारे अंडे फूट जाएँगे राजा बेटे के।

(परिवार के सभी सदस्य जोर से हँसते हैं।)

ननकू : *(झेंपते हुए)* कैसे अंडे माँ, किसके अंडे?

मौसी : *(बीच में पड़ते हुए)* शेखचिल्ली के अंडों की बात कह रही है यह। शेखचिल्ली समझा नहीं, मूर्ख कहीं का।

ननकू : कौन-सा शेखचिल्ली मौसी?

मौसी : *(कहानी सुनाते हुए)* किसी जमाने में एक शेखचिल्ली था। एक बार उसने व्यापार करने की बात सोची और एक रुपये के अंडे खरीदकर चला, बिजनैस करने।

(सभी व्यक्ति उत्सुकता के साथ कहानी सुनते हैं।)

ननकू : हाँ! तो आगे क्या हुआ मौसी?

मौसी : वह भी तेरी ही तरह सोचता चला। ये अंडे बेचकर मुर्गी लूँगा, वह बहुत सारे अंडे देंगी। उन अंडों से बहुत सारी मुर्गियाँ हो जाएँगी। उन मुर्गियों को बेचकर बकरी लूँगा। एक बकरी से बहुत सारी बकरियाँ हो जाएँगी। फिर उन बकरियों को बेचकर गाय लूँगा। एक गाय से बहुत सारी गाय हो जाएँगी। उन्हें बेचकर हाथी लूँगा। फिर ब्याह करूँगा। फिर बच्चे होंगे। यह सब सोचते-सोचते शेखचिल्ली ऐसा मस्त हुआ कि ठोकर लगी और सारे अंडे नीचे गिरकर फूट गए।

ननकू : *(हँसते-हँसते)* फिर तो खूब रोया होगा शेखचिल्ली।

पिता : ननकू, तू भी ऐसे ही रोएगा क्या?

ननकू : मैं क्यों रोऊँगा जी! मैं कोई शेखचिल्ली जैसा नहीं हूँ।

माँ : अच्छा जा, अब स्कूल जा, देर हो रही है।

(ननकू माता-पिता और मौसी को नमस्ते करता हुआ दरवाजे से बाहर निकल जाता है। मौसी अपना बैग

उठाकर सबसे विदा होती है।)

(दृश्य बदलता है। ननकू अपने दो अन्य साथियों के साथ स्कूल से वापस आ रहा है।)

सोनू : अरे ननकू! आज तो पैसे वाला हो रहा है तू। कुछ खिला-पिला ना।

ननकू : खाने-पीने की बात मत कर सोनू। कोई ऐसी स्कीम बता जो एक के दो और दो के सौ हो जाएँ।

नीटू : पैसे मिलते ही मक्खीचूस हो गया है, अपना यार। क्यों सोनू!

सोनू : हाँ नीटू, तूने बिलकुल ठीक कहा। बीस का नोट जेब में आते ही ननकू तो निन्यानवे के फेर में पड़ गया।

नीटू : निन्यानवे के नहीं, ये नौ सौ निन्यानवे के फेर में पड़ गया है।

ननकू : अपनी-अपनी डफली, अपना-अपना राग तो करो मत। जब बीस के बीस लाख हो जाएँगे सोनू, तब मैं तुम्हें बहुत बढ़िया दावत खिलाऊँगा, किसी बढ़िया होटल में।

नीटू : *(हँसकर)* न तो नौ मन तेल होगा, और न राधा नाचेगी।

ननकू : नौ मन तेल भी होगा और राधा भी नाचेगी, तू देखता रह।

सोनू : यार छोड़! यह आसमान में थिगली लगाने वाली बात मत कर। चल मोहन चाट भंडार में चलते हैं, बड़ा मजा आएगा, छोले-भटूरे, आलू की टिकियाँ, दही-पकौड़े।

नीटू : मुँह में पानी भर आया। आगे मत कहो रे।

ननकू : पर मुँह चटोरी में क्या रखा है रे नीटू? थोड़ी देर का चटखारा और बस।

सोनू : फिर तू क्या करेगा, इन पैसों का?

ननकू : अभी सोचा नहीं, कोई पौ बारे होने वाला काम सोचूँगा, एक के सौ और सौ के दो सौ।

नीटू : बिल्ली को सपने में दूध-ही-दूध दिखाई दे रहा है, सोनू।

सोनू : हाँ यार, लगता तो ऐसा ही है।

(तीनों मित्र धीरे-धीरे सड़क पर आगे बढ़ते दिखाई देते हैं। अचानक एक स्टाल के सामने आकर ननकू के पैर आप ही आप रुक जाते हैं। स्टाल पर बड़ा-सा बोर्ड टँगा है। उस पर लिखा है– 'मेहरबान लाटरी स्टाल'। लाटरी स्टाल के सामने बहुत सारे लोग खड़े हैं और टिकट खरीद रहे हैं।)

ननकू : *(सोनू से)* क्यों सोनू? एक टिकट खरीदकर मैं भी किस्मत आजमाकर देख लूँ क्या?

सोनू : पर दाँव हार गया तो क्या होगा ननकू?

ननकू : सारे पैसों के टिकट थोड़े ही खरीदूँगा मैं।

नीटू : नहीं भाई, लाटरी खेलना कोई अच्छी बात नहीं है।

ननकू : फिर भी पूछ तो लें एक टिकट कम-से-कम वाला कितने का है?

सोनू : नही-नहीं रहने दे, पल्ले के पैसे भी जाते रहे तो क्या होगा?

नीटू : ऐसा मुकद्दर का सिकंदर ना लगता है तू मुझे यार!

ननकू : हाथ कंगन को आरसी क्या, चल आजमा के देख लेते हैं।

(तीनों मिंत्र स्टाल पर जाकर खड़े हो जाते हैं।)

ननकू : *(लाटरी वाले से पूछता है)* क्यों भाई नीलकंठ लाटरी का टिकट कितने का है?

लाटरीवाला : पाँच रुपये का। बोल कितने दूँ और किस नंबर के?

ननकू : *(आँख बंद करके एक टिकट पर उँगली रखता है)* यह टिकट दे दो।

लाटरीवाला : *(टिकट देते हुए)* शाम को नंबर खुलेगा, देख लेना आके।

ननकू : *(टिकट और बचे हुए पंद्रह रुपये जब में रखते हुए)* अच्छा दोस्तो, मैं चला। शाम को यहीं मिलेंगे, पाँच बजे।

(लाटरी स्टाल के सामने और आस-पास की सड़क पर भारी भीड़ लगी है। भीड़ से आवाजें आ रही हैं। दुग्गी खुली है भाई दुग्गी।)

ननकू : *(जेब से टिकट निकालते हुए)* देख सोनू। मैंने कहा था एक के दो और नौ के सौ करूँगा। देख पाँच के अब बीस मिलेंगे मुझे।

नीटू : चल लेते हैं स्टाल वाले से।

ननकू : *(बीस रुपये लेकर वापस होते हुए)* देख नीटू, बीस के अब पैंतीस रुपये हो गए।

सोनू : अब बस कर। कुछ चाय-पानी पिला यारों को और खेल खत्म कर।

ननकू : नहीं सोनू। अब के दाँव में पाँच के बीस मिले हैं तो अगले दाँव में बीस के सौ मिलेंगे, है ना!

नीटू : और तीसरे दाँव में सौ के हजार, चौथे में हजार के लाख। क्यों ननकू ठीक है ना।

ननकू : हाँ-हाँ, और क्या? लाख रुपये होंगे तो हम तीनों पिकनिक पर चलेंगे, हवाई जहाज से।

नीटू : अब गलती मत कर! एक बार दाँव ठीक पड़ गया तो आगे भी ठीक ही पड़ेगा, इसकी क्या गारंटी है?

ननकू : पड़ेगा क्यों नहीं?

सोनू : हाँ जी, मुकद्दर का सिकंदर जो ठहरा यह।

(तीनों मित्र फिर स्टाल पर जाकर खड़े होते हैं।)

ननकू : भाई दस-दस के तीन टिकट दो।

लाटरीवाला : नंबर बताओ जी।

ननकू : *(पहले की तरह आँखें मूँदकर टिकटों पर एक-एक उँगली रखता है)* एक यह, एक यह और एक यह।

लाटरीवाला : *(टिकट देते हुए)* सुबह सात बजे देख लेना आकर।

(दृश्य बदलता है। सुबह का समय है। लाटरीवाली स्टाल पर भीड़ लगी है। लोग अपने-अपने टिकटों के नंबर मिला रहे हैं।)

ननकू : यार! आज तो बंटाधार हो गया। सारे के सारे रुपये गए! तीस के तीस।

सोनू : प्यारे भाई, जुए का अंजाम यही होता है।

नीटू : यह तो अंधे के पाँव तले की बटेर है, ननकू। लग गया तो तीर, नहीं तो तुक्का।

सोनू : तुक्का भी नहीं ननकू, मुक्का, केवल मुक्का।

ननकू : अरे चिंता क्यों करता है सोनू। देख अभी पाँच का पत्ता और है, अबके छप्पर जरूर फटेगा। देख लेना पाँच के पचास और पचास के पाँच सौ जरूर होंगे। देख लेना।

नीटू : बस, अब रहने दे।

ननकू : रहने क्यों दूँ! घाटा तो पूरा करना ही है यार!

सोनू : घाटा मेहनत से पूरा होता है ननकू जी, जुए से नहीं।

ननकू : *(लाटरी वाले से)* ला भाई एक टिकट पाँच रुपये वाला दे मुझे।

(ननकू टिकट लेकर जेब में रखता है।)

(दृश्य बदलता है। शाम का समय है। स्टाल के सामने टिकट लिए बहुत से लोग खड़े हैं। सोनू और नीटू आकर ननकू के पास खड़े हो जाते हैं।)

नीटू : क्यों बच्चू! क्या रहा तेरे टिकट का?

ननकू : वह भी गया भाड़ में *(उदास स्वर में)* अपना तो लाख का महल राख हो गया, भाई।

सोनू : तभी तो किसी दिलजले ने कहा था ननकू जी– आधी छोड़ सारी को धावे, आधी मिले न पूरी पावे।

(सोनू और नीटू ठहाका लगाते हैं।)

समाप्त

वह परदेश कमाने चला

❑

पात्र-परिचय

मूसलचंद

दादा

मूसलचंद की पत्नी

गाड़ीवान

काफिले का सरदार

काफिले के कुछ सदस्य

(एक सामान्य-सा घर। भीतर एक मोटा-तगड़ा पहलवान जैसा युवक सामान बाँध रहा है। सामने एक बूढ़ा व्यक्ति गोद में एक छोटी-सी बच्ची को बिठाए उससे खेल रहा है। आँगन में एक महिला बैठी कपड़ा सी रही है। बूढ़ा व्यक्ति पहलवान जैसे दिखाई देने वाले व्यक्ति को संबोधित करता है।)

दादा : क्या हो रहा है मूसलचंद।

मूसलचंद : *(पहलवानों जैसा पैतरा बदलते हुए)* सामान बाँध रहा हूँ दादाजी, सामान।

दादा : कहाँ जाने की तैयारी है मूसलचंद, क्या परलोक सिधार रहा है?

मूसलचंद : परलोक में सामान ले जाने की जरूरत ना पड़े है

दादा। वहाँ जाने पर तो भगवान का गैस्ट हाउस है ना, उसमें सब कुछ है। कमी नहीं है किसी चीज की।

दादा : फिर कुछ तो बता, कहाँ जा रहा है?

मूसलचंद : परदेश जा रहा हूँ, दादा परदेश।

दादा : *(आश्चर्य से)* परदेश जा रहा है? क्या करेगा परदेश में? जिसने देश में कुछ नहीं किया, वह परदेश में क्या डले ढोएगा?

मूसलचंद : देश में क्या कुछ नहीं किया दादा, पहलवानी नहीं की क्या? क्या इलाके में कोई मुझसे तगड़ा पहलवान है? *(भुजाएँ खोलकर और फुलाकर दिखाता है।)* चाहूँ तो शेर को एक टँगड़ी में चित्त कर दूँ।

दादा : पर पहलवानी से पेट नहीं भरता है, मसूलचंद।

मूसलचंद : इसीलिए तो परदेश जा रहा हूँ, दादा।

दादा : पर पहलवानी के ही कौन-से लाख टके उठेंगे परदेश में।

मूसलचंद : बड़े-बूढ़ों ने कहा है दादा, देश चोरी परदेश भीख। देश में रहके मुझसे चोरी ना होगी।

दादा : पर परदेश में भीख भी ना माँगी जाएगी तुझसे।

मूसलचंद : मेरी भुजाओं में वह बल है दादा। पिल पड़ूँ तो पहाड़ खोदकर फेंक दूँ।

दादा : केवल बलवान होने से कुछ नहीं होता है, मूर्ख।

मूसलचंद : होता क्यों नहीं, दादा। भगवान के पास और क्या है, सिवाय शक्ति के। वह शक्तिमान, सर्वशक्तिमान कहलाता है। इसीलिए सब मानते हैं उसे।

दादा : पर तुझमें भगवान जैसी शक्ति है क्या?

मूसलचंद : भगवान जैसी ना सही, उससे दस-बीस ग्राम कम सही।

दादा : तुझे अपने बलवान होने का घमंड हो गया है रे।

मूसलचंद : गुण का अभिमान सबको होता है दादा। तू देखना, परदेश में जाकर मैं क्या चमत्कार दिखाता हूँ।

महिला : *(बीच में दोनों की बात काटते हुए)* यह किसी की बात नहीं मानेंगे दादा जी, इन्हें अब अपने मन की आई करने दो।

दादा : मुझे चिंता है, परदेश में इसकी पहलवानी को पूछेगा कौन? दुनिया में तो एक-से-एक पड़ा है, सेर को सवा सेर। किसी अपने से ज्यादा तगड़े से भिड़ गया तो कचूमर निकल जाएगा बच्चू का।

मूसलचंद : किसकी माँ ने दूध पिलाया है दादा, जो कचूमर निकाल दे मेरा।

महिला : अभी ऊँट पहाड़ के नीचे को नहीं निकला है जी। निकलेगा तो पता लग जाएगा।

मूसलचंद : तू काहे को बोल रही है बीच में। तू चुप बैठ।

महिला : चुप काहे को बैठूँ? क्या मैं इस घर की कुछ नहीं हूँ? क्या मेरा कोई अधिकार नहीं है तुम पर?

मूसलचंद : औरतों की अक्ल गुद्दी के पीछे होती है, समझी?

महिला : पर तुम्हारी अक्ल तो गुद्दी के पीछे भी नहीं है, जी?

दादा : *(दोनों के वार्तालाप पर हँसता है)* बात यह है मूसलचंद, वह जो बड़े-बूढ़ों ने कहा है कि दुनिया में केवल चार व्यक्तियों को ही परदेश रास आता है। उनमें तू नहीं है।

मूसलचंद : फिर कौन है दादा?

दादा : एक वह जो व्यापारी है और पर्याप्त धन-दौलत उसके पल्ले में है। वह परदेश जाएगा तो अपने पैसे और व्यापार के हुनर से खा कमाएगा।

महिला : पर यह गुण इनमें कहाँ है दादा जी? मोटे शरीर के

सिवा कोई दूसरा गुण नहीं है इनके पास।

मूसलचंद : *(ऐंठकर)* तू चुप रह, पाँच हाथ की जीभ चलाए जा रही है, बिला वजह।

महिला : हाँ दादा! दूसरा व्यक्ति कौन है, जिसे परदेश रास आता है।

दादा : वह जिसका कंठ सुरीला है। जो अच्छा गायक है। ऐसा व्यक्ति अपनी सुरीली आवाज से सबका मन मोह लेता है और खा-कमाता है।

महिला : पर दादा इनकी आवाज तो ऐसी मोटी-भद्दी है कि रैंकता गधा सुन ले तो शरमा जाए।

मूसलचंद : अरी पगली, आवाज-उवाज से कुछ नहीं होता है। दम चाहिए दम। फेफड़ों में दम ही नहीं होगा तो गावेगा खाक।

महिला : हाँ दादा जी, तीसरा कौन-सा व्यक्ति परदेश जाकर सफल हो सकता है?

दादा : वह जो विद्वान् है। वह अपनी विद्या और विवेक के बल पर आराम से रह लेगा परदेश में।

मूसलचंद : विद्या तो मेरे पास भी है दादा, दंगल विद्या। देखना, मैं इस विद्या से क्या-क्या चमत्कार कर दिखाता हूँ?

महिला : यह विद्या ना है जी, कुविद्या है कुविद्या! इससे तो सर्कस की जोकरी अच्छी। हाँ, दादा जी, चौथा व्यक्ति कौन-सा है, जो परदेश जाकर फल-फूल सकता है?

दादा : वह जो कारीगर है। किसी काम में होशियार है।

मूसलचंद : क्या मैं होशियार नहीं हूँ दादा, दंगल की कला में।

दादा : अरे मूर्ख, दंगल-दंगल रटे जाता है। डंड पेलने और बैठक मारने से रोटी थोड़ी मिलती है रे।

मूसलचंद : मिलती कैसे नहीं दादा! मिलती है, मिलती है।

(दृश्य बदलता है। मूसलचंद बिस्तर और गठरी को सिर पर लादे परदेश जाता दिखाई देता है। सड़क पर एक गाड़ी वाला धीरे-धीरे गाड़ी ले जा रहा है। मूसलचंद सिर पर बोझ ढोते-ढोते थक गया है और हाँफ रहा है।)

मूसलचंद : ओए गाड़ी वाले। रुकना जरा। *(गाड़ी की ओर लपकता है।)*

गाड़ीवान : *(गाड़ी रोकते हुए)* हाँ बोल, क्या बात है? क्यों रस्ता खोटा कर रहा है मेरा?

मूसलचंद : तेरा रस्ता खोटा नहीं, अपना रस्ता खरा कर रहा हूँ, गाड़ीवाले।

गाड़ीवान : बोल जल्दी बोल, क्या बात है?

मूसलचंद : तू मुझे अगले शहर तक छोड़ दे। मैं हूँ और मेरा यह सामान, बस।

गाड़ीवान : तीन आदमियों का साझा बोझ तो तुझ अकेले में है, फिर दो मन से ज्यादा सामान। ना बाबा ना, पीठ पिचक जाएगी मेरे बैलों की।

मूसलचंद : अबे सीधी तरह मानता है कि लगाऊँ झाँपड़।

गाड़ीवान : मुँह सँभाल के बात कर, मुँह सँभाल के। बड़ा आया कहीं का तीस मार खाँ।

मूसलचंद : तीस मार खाँ नहीं हूँ, चालीस मार खाँ हूँ, चालीस मार खाँ। चालीस चोरों को अकेला।

गाड़ीवान : ज्यादा अकड़फू दिखाने की जरूरत नहीं है। चल, अपना काम कर।

(गाड़ीवान बैलों को तेजी से भगा देता है। मूसलचंद गाड़ी के पीछे-पीछे दौड़ता है, परंतु गाड़ी उसके हाथ नहीं आती है। उसके सिर पर रखा हुआ सामान गिर जाता है।)

मूसलचंद : *(अपने आपसे)* तो क्या दादा ही ठीक कहता था मूसलचंद! अकेली पहलवानी से कोई काम नहीं बने है। पिद्दी-सा गाड़ीवाला तो डरा नहीं तुझसे। हत् तेरे की।

(मूसलचंद सड़क के किनारे बैठकर पीछे से आने वाली किसी और गाड़ी की प्रतीक्षा कर रहा है। उधर से गुजरने वाले कई वाहनों को वह हाथ देकर रोकता है, परंतु कोई भी वाहन नहीं रुकता है। अचानक दूर से एक काफिला आता हुआ दिखाई देता है।)

मूसलचंद : रुको भाइयो, रुको। जरा एक मिनट को रुको।

(काफिले वाले उसकी आवाज पर रुक जाते हैं।)

सरदार : क्यों भाई कौन हो तुम? और यहाँ क्यों बैठे हो, सड़क के किनारे बोरिया-बिस्तर बाँधे?

मूसलचंद : मेरा नाम मूसलचंद है सरदार। मैं पास के गाँव से आया हूँ और परदेश में नौकरी ढूँढने जा रहा हूँ।

सरदार : देश में कोई रोजगार नहीं था क्या?

मूसलचंद : देश में रोजगार होता सरदार तो भटकने की जरूरत ही क्या थी मुझे?

सरदार : क्या काम जानते हो भाई?

मूसलचंद : पहलवान हूँ, पहलवान। बाघ को टँगड़ी मारूँ तो चित्त कर दूँ। कोई बड़ा-से-बड़ा डाकू मुकाबला नहीं कर सकता है मेरा। *(बाँहें खोलकर दिखाता है।)* यह देख रहे हो सरदार, किसकी माँ ने दूध पिलाया है, जो मुझसे टक्कर ले सके?

सरदार : यह तो सुन लिया, पर काम बताओ क्या जानते हो?

मूसलचंद : डटकर डंड पेलना, डटकर खाना और डटकर सोना, सरदार।

सरदार : अरे यह भी कोई काम हुआ?

(काफिले के कई लोग उसकी हँसी उड़ाते हैं।)

एक : अरे जब अखाड़े के सिवा कोई काम नहीं जानता तो मिट्टी भी अखाड़े की खाया कर। रोटी क्यों खाता है?

दूसरा : अरे यह पहलवान है, धरती माँ का बोझ?

तीसरा : ऐसा मत कहो भाइयो, ऐसा मत कहो, *(सरदार को संबोधित करते हुए)* मेरी एक बात मानो सरदार।

सरदार : बोलो, बोलो।

व्यक्ति : यह पहाड़ी क्षेत्र है और बीहड़ रास्तों की यात्रा सामने है। सूरज डूब गया है और रात पड़ने वाली है।

सरदार : यह तो हमें भी दीख रहा है भाई। बात कहो क्या कहनी है?

व्यक्ति : मेरी राय है, इस पहलवान को काफिले के साथ ले लो, तगड़ा आदमी है, अगर रास्ते में कोई अनहोनी हो गई तो यह हमारी रक्षा कर सकता है।

दूसरा व्यक्ति : दस-पाँच डाकुओं को तो अकेला काफी होगा यह।

मूसलचंद : दस-पाँच को नहीं, दर्जन दो दर्जन में अकेला हाथ निकाल दूँगा सरदार। आजमा के तो देखो।

सरदार : ठीक है, चलो काफिले के आगे-आगे हो जाओ।

(मूसलचंद की अगुवाई में काफिला पहाड़ी पगडंडी पर आगे बढ़ता है। रात का अँधेरा फैल गया है। मूसलचंद और काफिले के सारे लोग भोजन करने बैठ जाते हैं। तभी काफिले का एक व्यक्ति दौड़ता हुआ आता है।)

काफिले का सदस्य: *(नाराजी के साथ)* सरदार मैं तो भूखा ही रह गया?

दो कौर मेरे हिस्से में आए हैं और भोजन समाप्त।

दूसरा : मुझे भी पेट-भर रोटी नहीं मिली भाई।

सरदार : हुआ क्या! क्या हुआ! भोजन तो हमारे पास बहुत था।

एक : सारा संडा-मुस्टंडा खा गया।

सरदार : कौन? मूसलचंद?

दूसरा : हाँ सरदार!

सरदार : हाथी की तरह खाता है, तो काम भी तो हाथी जैसा ही करता होगा यह।

तीसरा : हाथी काम क्या करता है सरदार, खाता है और लीद करता है बस।

(भोजन से निपटकर काफिले वाले आँखें मूँदकर लेट जाते हैं)

सरदार : अरे मूसलचंद! तुम जागते रहना, रात का समय है, कोई गिरोह चढ़ाई न कर दे काफिले पर।

मूसलचंद : ठीक है सरदार, मैं सोऊँगा नहीं।

(कुछ ही देर बाद मूसलचंद गहरी नींद में सो जाता है। उसके मुँह से जोर-जोर से खर्राटे निकल रहे हैं।)

सरदार : *(अपने साथ लेटे हुए सहयात्री से)* यह आदमी हमारा रक्षक नहीं हो सकता भाई, यह तो खतरे की घंटी है, खतरे की घंटी।

सहयात्री : सरदार, तुमने इससे जागकर पहरा देने को कहा था और यह बेखबर पड़ा खर्राटे ले रहा है।

सरदार : अरे यह आदमी नहीं, नक्कारा है, नक्कारा। हमलावरों को आमंत्रित कर रहा है कि आओ और सोते हुए काफिले पर हमला कर दो।

सहयात्री : तुम ठीक कहते हो, सरदार।

सरदार : हाँ, तो अब ऐसा करो, इसे सोता हुआ छोड़कर यहाँ से निकल जाओ। इसकी बुलाई मुसीबत में हम क्यों पड़ें?

(सारे काफिले वाले उठते हैं और मूसलचंद को खर्राटे लेता हुआ छोड़कर वहाँ से प्रस्थान कर जाते हैं। सुबह का उजाला फैलता है तो मूसलचंद की आँख खुलती है।)

मूसलचंद : *(चीख-चीखकर आवाज देता हुआ)* अरे सरदार, ओए सरदार, सरदार-सरदार!

(कोई उत्तर नहीं आता)

मूसलचंद : *(अपने आपसे)* दूर-दूर तक कोई नहीं। अब मैं इस निर्जन स्थान में कहाँ जाऊँ? क्या दादा ठीक ही कहता था। केवल देह-बल से काम नहीं चलता है दुनिया में। *(वह चारों ओर देखकर फ़िर सरदार को आवाज देता है)* सरदार औए सरदार।

(उसकी आवाज उसके कानों से आकर टकराती है)

समाप्त

Nadan

विद्वान और व्यापारी

❑

पात्र-परिचय

राजनारायण
शंभूनारायण
ललितनारायण
माँ
शंभू की पत्नी शारदा
नौकर
सेठ चंदनलाल
सेठ करोड़ीमल

(दो भाई ललितनारायण और शंभूनारायण आपस में वादविवाद कर रहे हैं। उनका अधेड़ उम्र का पिता राजनारायण बीमार है और एक खाट पर बैठा हुआ कराह रहा है। माँ झाड़ू लेकर घर की सफाई में व्यस्त है। भोर का समय है। बड़ा भाई शंभू, छोटे भाई ललितनारायण को संबोधित करता है।)

शंभूनारायण : अरे ओ ललते! तेरा दिमाग पगला गया है क्या? जब देखो किताब बाँचता रहता है। अरे दिन-रात आँखें फोड़के मिलेगा क्या तुझे?

ललितनारायण : *(खीजकर)* पहले तो भैया तुम मेरा नाम ठीक तरह

लो। सही उच्चारण करो इसका। मैं ललते नहीं, ललितनारायण मिश्र हूँ।

शंभूनारायण : *(व्यंग्य से दोहराते हुए)* ललितनारायण मिश्र *(ठहाका मारकर हँसता है)* अरे मूर्खों के सरदार, ललितनारायण मिश्र कोई यों ही थोड़े ही बन जाता है। जब तक धन नहीं है पल्ले में, तब तक तो ललते ही बना रहेगा बेटे।

ललितनारायण : मैं तो भैया पढ़-लिखकर विद्वान बनूँगा, विद्वान! मेरा मन नहीं लगता है इस दुकानदारी में।

शंभूनारायण : तो प्यारे जीवन-भर ललता ही बना रहेगा तू! ललितनारायण मिश्र कभी न बनेगा। इज्जत पैसे से ही है। पैसा हो तो इज्जत-सम्मान क्या, चाहो तो भगवान भी खरीद लो। समझे।

ललितनारायण : नहीं, मैं कुछ नहीं समझा भैया! मैं समझना भी नहीं चाहता हूँ।

शंभूनारायण : समझना नहीं चाहता, तो तेरी-मेरी नहीं पटेगी। देखता नहीं साल-भर से बापू बीमार है। दुकान का जो धंधा है, वह मंदा चल रहा है। मैं देख रहा हूँ तू देख नहीं रहा है। तू है अंधा।

ललितनारायण : अंधा नहीं हूँ भैया। दुकानदारी में मेरा मन नहीं लगता है। मुझे तो पढ़ना है, पढ़ते ही रहना है।

शंभूनारायण : पढ़कर करेगा क्या? यह तो सोच, दिमाग तो खराब नहीं हो गया तेरा।

ललितनारायण : दिमाग खराब नहीं हुआ है भैया! मैं पढ़-लिखकर विद्वान बनूँगा।

शंभूनारायण : विद्वानी से रोटी नहीं मिलती है पगले। विद्वान तो टके के दो मिलते हैं ललते। पैसा कमाने की सोच, पैसा कमाने की।

राजनारायण : *(कराहना बंद करते हुए)* शंभू ठीक कह रहा है बेटे!

अब और अधिक पढ़कर क्या करेगा? दोनों भाई मिलकर दुकान चलाओगे तो पैसा ही पैसा होगा हाथ में।

ललितनारायण : नहीं बापू, मैं व्यापारी नहीं बनना चाहता, पढ़ना चाहता हूँ, मैं विद्वान बनूँगा!

राजनारायण : *(फिर कराहना शुरू कर देता है)* अरे ललते, तू देख रहा है मैं सालभर से बीमार पड़ा हूँ। किराने की दुकान धीरे-धीरे चौपट होती जा रही है। दोनों मिलकर धंधे में लग जाओगे तो पैसा भी आएगा और मान-सम्मान भी मिलेगा। पुस्तकें बाँचने से कुछ न मिलेगा, ललते।

ललितनारायण : आप भी शंभू भैया की हाँ में हाँ मिला रहे हो बापू! इज्जत-सम्मान धनवान का नहीं, विद्वान का भी तो होता है बापू।

राजनारायण : पैसे में बड़ी शक्ति है, ललते। विद्वान तो पैसे वाले के तलुए चाटते हैं।

माँ : *(झाड़ू रोककर और कूल्हे पर हाथ रखकर खड़ी हो जाती है)* क्यों दुखी कर रहे हो मेरे लाड़ले को, दोनों बाप-बेटे मिलकर।

शंभूनारायण : दुखी नहीं कर रहे हैं माँ! हम तो इसे समझा रहे हैं, पढ़ना-लिखना छोड़कर दुकान पर बैठा कर। आधे समय यह और आधे समय मैं। दोनों मिलकर कमाएँगे तो सालभर में कायापलट हो जाएगी।

राजनारायण : पर इस बुद्धू की समझ में कोई बात आ ही नहीं रही है।

शंभूनारायण : इस पर तो विद्वान बनने का भूत सवार है माँ, जो उतर ही नहीं रहा है।

माँ : ना उतरे, तेरा क्या जा रहा है रे!

राजनारायण : *(नाराजी के साथ)* अरे शंभूनारायण, इसने तो हमेशा ललते का ही पक्ष लिया है, उसी की हाँ में हाँ मिलाती आई है हमेशा! इसी ने बिगाड़ा है, ललते को।

शंभूनारायण : *(तुनककर)* तो सुनले माँ, अच्छी तरह सुन ले। मैं पढ़ाई का खर्चा ना दूँगा, ललते को। पढ़ना है तो भीख माँग के पढ़े, मैं कमाऊँ और यह उड़ाए, ऐसा नहीं चलेगा माँ!

माँ : अरे, शंभू, यह उड़ाने कहाँ जा रहा है। पढ़ाई में ही तो खर्च करेगा, जो करेगा।

शंभूनारायण : अरी माँ, पढ़ाई पैसे वालों की ऐयाशी ही तो है।

ललितनारायण : *(खीजकर)* तुम पढ़ाई को पैसे वालों की ऐयाशी समझते हो तो ठीक है। मैं आज के बाद घर से कुछ नहीं लूँगा।

शंभूनारायण : फिर पढ़ेगा कैसे?

ललितनारायण : जैसे भी पढ़ूँ।

राजनारायण : इस पगले के सिर पर विद्वान बनने का भूत सवार हो गया है, यह आसानी से उतरेगा नहीं।

शंभूनारायण : उतर जाएगा, बापू उतर जाएगा। जब चार-छह दिन तक ठोकरें खाएगा, भूखा रहेगा तो विद्वानी का सारा भूत उतर जाएगा।

माँ : विद्या का यों अपमान मत कर बेटे। दिमाग में पड़े चार अक्षर काम आवे हैं, पैसा धोखा दे जावे है।

शंभूनारायण : अच्छा माँ, इसका रास्ता अलग, मेरा अलग। देख लेना किसी दिन तेरा विद्वान बेटा मेरी ठोकरों में होगा। मेरे तलुए चाटता होगा।

माँ : बड़ा बोल मत बोल, बेटे। भगवान से डर।

(दृश्य बदलता है। एक शानदार कोठी के बरांडे में शंभूनारायण टहल रहा है। साथ में उसकी पत्नी शारदा

और दो छोटे बच्चे भी हैं। घर-द्वार से लगता है कि शंभूनारायण अब बहुत संपन्न आदमी हो गया है।)

शारदा : (*प्रश्न करती हुई*) आपने कभी बताया नहीं, आपके एक छोटा भाई भी तो है, ललितनारायण।

शंभूनारायण : हाँ, शारदा। है क्या बल्कि था?

शारदा : था? क्या मतलब!

शंभूनारायण : वह बचपन ही में घर छोड़कर चला गया था। पिता जी बीमार थे। व्यापार में उसने लगना नहीं चाहा। विद्वान बनने की धुन सवार थी। घर में पैसा इतना था नहीं, जो उसकी पढ़ाई का खर्च निकल सकता।

शारदा : फिर? पढ़ा कैसे ललितनारायण?

शंभूनारायण : भगवान जाने! हम दोनों में उसकी पढ़ाई को लेकर चख-चख हुई तो वह घर छोड़कर चला गया।

शारदा : अब कहाँ है वह?

शंभूनारायण : लगभग 15 साल हो गए इस घटना को। बापू का देहांत हो गया, वह नहीं आया। माँ मरी तो थोड़ी देर के लिए आया था। दो आँसू बहाकर चलता बना।

शारदा : आपसे बात नहीं हुई, कहाँ रह रहा है वह?

शंभूनारायण : मुझे क्या बात करनी थी उससे? क्या अपनी संपत्ति में हिस्सेदार बनाना था उसे?

शारदा : पूछते तो, वह किस हाल में है?

शंभूनारायण : पूछता क्या? मैंने मेहनत से दिन-रात काम करके व्यापार बढ़ाया। आज मैं शहर के संपन्न लोगों में गिना जाता हूँ, इज्जत है, सम्मान है। भगवान का दिया सब कुछ है। वह कहीं कर रहा होगा दो टके की नौकरी *(अपमान-भरी हँसी हँसता है)*

शारदा : फिर भी आपका भाई है वह। उसका अता-पता तो रखना ही चाहिए।

शंभूनारायण : सुना है दिल्ली में रह रहा है कहीं, आसफअली रोड पर।

(दृश्य बदलता है। सुबह का समय है, शंभूनारायण घबराया हुआ दुकान से लौटकर आता है। उसके चेहरे और हावभाव से परेशानी प्रकट हो रही है। घर में प्रवेश करते ही वह शारदा को आवाज देता है।)

शंभूनारायण : शारदा, अरी ओ शारदा। गजब हो गया, मर गए। बरबाद हो गए हम।

शारदा : *(घबराई हुई आवाज में)* क्या हुआ? क्या हुआ? बताओ तो सही कुछ।

शंभूनारायण : रात आग लग गई दुकान में। फूटी कौड़ी नहीं बची। फूटी कौड़ी भी।

शारदा : हाय-हाय! आग किसने लगा दी दुकान में?

शंभूनारायण : पता नहीं, आस-पास की कई दुकानें फुँक गईं। सारा सामान जलकर राख हो गया। दुकान भूतों का डेरा बनी खड़ी है।

शारदा : *(रोती है)* अब क्या होगा, हे भगवान, अब क्या होगा?

शंभूनारायण : जो घर में है शारदा वह दुकान बनाने में लगा दूँ तो खाऊँगा क्या? कारोबार काहे से करूँगा? मारा गया बिलकुल। क्या करूँ, समझ में नहीं आता कुछ?

शारदा : *(आँसू पोंछते हुए)* मरद जात हो, थोड़ा धीरज धरो, जिसने दुख दिया है दवा भी वही देगा जी। भगवान को याद करो।

शंभूनारायण : भगवान कोई धन देने थोड़ी आएगा। उपाय सोच कोई, उपाय।

शारदा : शहर के सारे पैसे वाले तुम्हारे मित्र हैं, तुम्हारी साख

है, सम्मान है। लाख दो लाख रुपये कर्जा ले लो कहीं से।

शंभूनारायण : हाँ तू ठीक कहती है, शारदा। कर्जा लिए बिना काम नहीं चलेगा।

(दृश्य बदलता है। शंभूनारायण अपने एक मित्र सेठ चंदनलाल से बात करता हुआ दिखाई देता है।)

चंदनलाल : *(हो-हो करके)* वह बात यह है शंभूनारायण जी, आजकल बड़ी मंदी चल रही है। गुजारा करना मुश्किल हो गया है, इस जमाने में।

शंभूनारायण : पर सेठ चंदनलाल, तुम्हें तो गुड़ के स्टाक पर पाँच लाख का लाभ हुआ है, अभी-अभी।

चंदनलाल : *(ही-ही करके हँसते हुए)* शंभूनारायण जी, वह बात यह है ना, अपनी अक्ल और पराई औरत अच्छी ही दिखाई दे है सबको *(बीच में फिर हँसता है)* पाँच लाख की आमदनी तो सुन ली, यह नहीं देखा, देनदारी कितनी थी? तू बैंक से कर्जा क्यों नहीं उठा लेता, शंभूनारायण?

शंभूनारायण : वह तो बहुत लंबा चक्कर है यार। कब दादा मरेगा, कब पोता बरतेगा।

(दृश्य बदलता है। शंभूनारायण एक और सेठ करोड़ीमल की दुकान पर बैठा दिखाई देता है।)

शंभूनारायण : यार सेठ! तू मेरा बहुत गहरा मित्र है, है ना!

करोड़ीमल : हाँ-हाँ, बोल क्यों! तू जान माँगे तो जान हाजिर है मेरी।

शंभूनारायण : तुझे पता है, आग ने मेरा सब कुछ स्वाह कर दिया।

करोड़ीमल : हाँ-हाँ, पता है।

शंभूनारायण : परेशानी में यार, थोड़ी मदद कर मेरी। मैं जान तो

नहीं चाहता, बस थोड़ा-सा कर्जा दे दे मुझे।

करोड़ीमल : ना भैया, ना! जान बेशक ले ले, कर्जा नहीं। कर्ज तो प्रेम की कैंची है। मैं प्रेम-संबंध ना तोड़ना चाहता, तुमसे।

शंभूनारायण : तुझे पता है, भूखो मरने की नौबत आ गई है मेरे सामने। जो पास-पल्ले था वह दुकान की मरम्मत में लगा दिया। अब धंधा कैसे करूँ? हाथ में कुछ नहीं।

करोड़ीमल : ससुराल तो मालदार है तेरी। मार ले वहाँ से लाख दो लाख।

शंभूनारायण : नहीं रे, यह मुझसे ना होगा।

करोड़ीमल : तो बेच दे कुछ और। अबे ससुराल समय पर काम ना आई तो बात ही क्या रही?

(दृश्य बदलता है। शंभू अपने घर में शारदा से बात कर रहा है।)

शंभूनारायण : बिगड़ी में कोई साथ नहीं देता है शारदा। एक-एक को देख लिया। कोई एक धेला भी देने को तैयार नहीं है।

शारदा : अब कैसे होगा, हे भगवान अब कैसे होगा?

शंभूनारायण : भगवान ने ही तो ये दिन दिखाए हैं, शारदा।

शारदा : अब तुम मेरी एक बात मानो! मेरे पास जो थोड़ी बहुत जमा पूँजी है, उससे दिल्ली तक तो हम जा ही सकते हैं। चलो दिल्ली चलते हैं। देवर जी से मिलेंगे बिगड़ी में अपना खून ही काम आता है जी।

शंभूनारायण : अरी वह मिलेगा कहाँ और मिल भी गया तो विद्वान आदमी के पल्ले होगा क्या? जूतियाँ चटखाता फिरता होगा सड़कों पर।

शारदा : चलो, चलकर देखते हैं।

(दृश्य बदलता है। दिल्ली में आती-जाती भीड़ में

शारदा, शंभू और बच्चे एक शानदार कोठी के सामने खड़े हैं। नेम प्लेट पर मोटे अक्षरों में लिखा है डा. ललितनारायण मिश्र, मानसिक रोग विशेषज्ञ। शंभू घंटी पर उँगली रखता है।)

नौकर : *(अंदर से बाहर आते हुए)* हाँ जी! किससे मिलना है जी?

शंभूनारायण : *(रौब से हकलाते हुए)* वह जी, वह जी, डा.साहब हैं ना, ललितनारायण जी, उनसे मिलना है। कहना उनका बड़ा भाई शंभू ... ।

(ललितनारायण बाहर निकलकर आता है।)

ललितनारायण : *(गले मिलते हुए)* अरे भैया तुम। तुम कहाँ से आ निकले इधर?

(भाई और भाभी के पाँव छूता है और आदरपूर्वक घर के अंदर ले जाता है। ललित, उसकी पत्नी और बच्चे सब इकट्ठे हैं। नौकर मेज पर नाश्ता लगा रहा है।)

ललितनारायण : हाँ भैया, नाश्ता लो, भाभी संकोच मत करना। अपना ही घर समझो इसे।

शंभूनारायण : अपना तो है ही ललितनारायण।

ललितनारायण : नहीं भैया भूलो मत, मैं ललितनारायण नहीं ललता हूँ। तुम्हारा पुराना ललता *(ठहाका मारकर हँसता है)* याद है ना।

शंभूनारायण : *(लज्जा भाव से)* हाँ भाई सब याद है, पर ललित यह तो बताओ, तुम इतने बड़े आदमी कैसे बन गए?

ललितनारायण : बस अपनी मेहनत से भैया। मुझे पढ़ाई की लगन थी। कुछ ट्यूशन किए, कुछ वज़ीफा लिया। धीरे-धीरे मैंने अपना लक्ष्य पा ही लिया। अब न धन की कमी

है मेरे पास, न मान-सम्मान की। पर तुम बताओ, तुम कैसे हो, कारोबार का क्या हाल है?

शंभूनारायण : पूछो मत भैया, सब कुछ खत्म हो गया। सब कुछ स्वाह हो गया।

ललितनारायण : *(आश्चर्य के साथ)* कैसे, क्या हुआ तुम्हारे साथ?

शंभूनारायण : दुकान में आग लग गई, कुछ नहीं बचा।

ललितनारायण : अच्छा-अच्छा! इसीलिए तो मैं सोचता था, वह धन प्राप्त करूँ, जिसे न आग जला सकती है, न चोर चुरा सकता है, न डाकू लूट सकता है। तुम्हारे पास जल जाने वाली संपत्ति थी, जल गई।

शंभूनारायण : तुम ठीक कहते हो भाई। विद्या ही वह धन है, जिसे कोई छीन नहीं सकता।

ललितनारायण : इसीलिए मैंने मानसिक रोगों में विशेषज्ञता प्राप्त की ताकि तुम जैसे भ्रमित लोगों के मानसिक विकार दूर कर सकूँ।

(ललितनारायण हँसता है।)

शंभूनारायण : दिमागी विकार तो आग ही ने ठीक कर दिया है भैया, मुझे कुछ धन दो। काम-धंधा चलाने के लिए।

ललितनारायण : बोलो, कितना चाहिए?

शंभूनारायण : दो लाख तो दे ही दो, फिलहाल।

ललितनारायण : ठीक है, लो। *(चैकबुक निकालकर चैक काटता है।)*

ललितनारायण : *(चैक देते हुए)* तुम्हें याद है शंभू भाई, जब मैं घर से चला था तो तुम्हारे पास दो रुपये भी नहीं थे मुझे देने को।

(शंभूनारायण लज्जा से सिर झुका लेता है।)

समाप्त

सच बड़ा बलवान

❑

पात्र-परिचय

धीरू

नसीरू

कोतवाल

सिपाही

कुछ अन्य युवक

(मंच पर एक साधु भक्तों के सामने प्रवचन करता हुआ दिखाई देता है। भक्त श्रद्धापूर्वक सिर झुकाए हुए बैठे हैं। उनमें कुछ पुरुष हैं, कुछ महिलाएँ हैं। तभी बारह-चौदह वर्ष के दो किशोर उस ओर आते हैं। आकृति और वेशभूषा से दोनों अपराध-प्रवृत्ति के दिखाई देते हैं।)

धीरू : अरे ओ नसीरू! जरा रुक तो सही। देखें, यह साधु क्या राग अलाप रहा है?

नसीरू : अरे वही बेसमय की रागनी होगी। पाप मत करो, पुण्य के काम करो, धर्म के मार्ग पर चलो। और क्या कहना है साधु को।

धीरू : चल सुनें तो सही।

BOSS

नसीरू : सुन के करेगा क्या? उल्लू बना रहा है अपने चेलों को। बनाने दे इसे।

धीरू : क्या पता, कोई काम की बात पल्ले पड़ जाए। चल सुनें तो सही।

नसीरू : तू नहीं मानेगा यार! उपदेश सुनना तो पेट-भरे लोगों का काम है धीरू। हम भूखे-नंगे लोग क्या लेंगे सुनके!

धीरू : अरे चल, दो मिनट बैठ जा साधु की संगत में भी। सौ दिन चोरी तो एक दिन हवाखोरी भी सही।

नसीरू : तू ना मानेगा धीरू। चल सुन ले साधु अपने चेलों को क्या पट्टी पढ़ा रहा है!

(दोनों भक्तों की अंतिम पंक्ति में सबसे पीछे बैठ जाते हैं। साधु प्रवचन जारी रखता है।)

साधु : सज्जनो! मैं तुमसे फिर कहता हूँ, धर्म के दो ही आधार-स्तंभ हैं। सत्य का पालन और कर्त्तव्य का पालन। जो सच बोलता है, उसे कोई भय नहीं होता। झूठ आदमी को कायर बनाता है और सच निर्भीक। सच बोलोगे तो सारे पाप स्वयं ही तुम्हारा साथ छोड़ जाएँगे।

नसीरू : *(धीरे से अपने साथी को कोहनी मारता है)* अरे खिसक यहाँ से। किस पाखंडी के चक्कर में पड़ गया।

धीरू : चल फूट ले।

(दोनों उठकर चल देते हैं।)

नसीरू : क्या बेवकूफों वाली बात बता रहा है साधु अपने चेलों को। अरे, सच बोल के करना क्या है?

धीरू : मुझे तो लगे है यार नसीरू, साधु की बात में दम है।

नसीरू : खाक दम है यार! चोरी करके कह दे कि मैं चोर हूँ, फिर देख कितने बेभाव के पड़ते हैं, सिर पर।

धीरू : पर यह बात भी तो ठीक है नसीरू, चोरी करके डर लगा रहता है, कहीं पकड़े ना जाएँ! कहीं कोई ऐसी-वैसी बात ना हो जाए?

नसीरू : पर सच बोलके तो फाँसी का फंदा आप अपने गले में डालना है, यार।

धीरू : बात तो यार ठीक है। झूठ बोलने में बचाव के सौ घर और सच बोलने में एक भी नहीं।

नसीरू : वही तो मैं कह रहा हूँ। चोरी करके सच-सच बता दो तो मारे जाओगे। बचने का कोई रस्ता नहीं।

धीरू : और झूठ बोलोगे तो अगर एक झूठ न चला तो दूसरा, दूसरा न चला तो तीसरा, और तीसरा भी न चला तो चौथा। झूठ में बचाव के सत्तर रस्ते होते हैं, यार।

नसीरू : वही तो कह रहा हूँ धीरे। सच बोल के मिलेगा क्या? जूता, डंडा, जेल।

धीरू : पर यार नसीरू, एक बात यह भी है। हम-तुम अनेक चोरियाँ कर चुके और अभी तक किसी चोरी में पकड़े नहीं गए, पर खटका तो लगा ही रहता है। साधु यह बात तो ठीक कह रहा था। पाप आदमी को कायर बनाता है।

नसीरू : अरे कहाँ साधु के चक्कर में पड़ गया धीरू! वह मोटी औरत है न मास्टरनी, आज उसके यहाँ हाथ साफ करेंगे।

धीरू : यार मैं तो सोच रहा हूँ चोरी के अलावा कोई और धंधा करें।

नसीरू : और धंधा! अरे उल्लू की दुम। चोरी से बढ़िया धंधा क्या, हल्दी लगे न फिटकी रंग चोखा।

धीरू : चोरी करके वह जो अंदर धुक-धुक होती रहती है कई दिन तक, वह न सही जावे है मुझसे।

नसीरू : अरे पागल तो नहीं हो गया है धीरू! समझ ले यह दुनिया साधुओं की नहीं, चोरों की है।

धीरू : चोरों की? वह कैसे?

नसीरू : साधु भीख माँगता है, चोर मजा उड़ाता है। भैया रे चोर कौन नहीं है?

धीरू : सारे के सारे चोर हैं क्या?

नसीरू : बिलकुल। बनिया डंडी मार के चोरी करता है, कारखानेवाला टैक्स चुराकर चोरी करता है। स्मगलर माल इधर से उधर करके चोरी करता है। सारे के सारे चोर हैं, धीरू। हमारी क्या औकात है! हम तो छुटभैये हैं, छुटभैये।

धीरू : अच्छा मान लिया, बड़े चोरों में हम पाकिट साइज के चोर हैं पर सच बोलकर तो देखें, साधु के कहने से।

नसीरू : अरे सच बोल के मरना है क्या?

धीरू : पर एक बार मैं सच बोलने का तजुर्बा जरूर करूँगा। चाहे कुछ भी हो जावे।

नसीरू : तू जा, तेरी ऐसी की तैसी। मैं तेरे संग यह जोखिम उठाने को तैयार नहीं हूँ।

धीरू : चल, आज ऐसा करें, तू किसी और जगह चोरी कर, मैं किसी और जगह। जो माल मिलेगा, आपस में बराबर-बराबर बाँट लेंगे।

नसीरू : ठीक है, ला मिला हाथ।

(दोनों हाथ मिलाकर अलग-अलग रस्ते पर मुड़ जाते हैं।)

(दृश्य बदलता है। रात का समय है। धीरू पुलिस थाने

के गेट के सामने खड़ा दिखाई देता है। पहरे का सिपाही उसे टोकता है।)

सिपाही : कौन है बे।

धीरू : गरीब लड़का हूँ और चोर हूँ।

सिपाही : चोर है? तो यहाँ क्या करने आया है?

धीरू : सच बोलने।

सिपाही : सच बोलने आया है, पागल हो गया है क्या?

धीरू : क्या सच बोलने वाला पागल होता है, दीवान जी!

सिपाही : ज्यादा बक-बक मत कर। चल तुझे कोतवाल सा'ब के सामने हाजिर करूँ।

(सिपाही धीरू को साथ ले जाकर कोतवाल के सामने पेश करता है)

कोतवाल : अबे कौन है तू!

धीरू : बारह साल का गरीब छोकरा हूँ सरकार और चोर हूँ।

कोतवाल : चोर है!

धीरू : हाँ, सरकार।

कोतवाल : पता है थाने में क्या बनाया जाता है चोर का।

धीरू : चोर कहीं यह मानता है कि वह चोर है। पुत्तर मखौल भी हमसे करने आया है!

सिपाही : आप ठीक कह रहे हैं, सरकार। चोर तो पुलिस की परछाई से भी भागता है। खुद चलके थाने तक नहीं आता है जी, मुझे तो यह कुछ सनकी-सा लगे है।

कोतवाल : तू ठीक कहता है रामभरोसे। चोर होता तो यहाँ आने का और अपने आपको चोर बताने का साहस न करता।

सिपाही : ठीक बात है सरकार।

कोतवाल : *(धीरू से)* अबे यहाँ क्या करने आया है, क्या नाम

है तेरा।

धीरू : नाम तो मेरा धीरू है सरकार और काम चोरी करना।

कोतवाल : अबे वही तोते की रट! तू चोर नहीं है, चोर नहीं है, चोर नहीं है। चल बोल, क्या चाहे है?

धीरू : सरकार, दो रोटी और रात-भर का ठिकाना।

कोतवाल : *(सिपाही से)* रामभरोसे, तू इसे अपने क्वार्टर में ले जा। रोटी खिलाना और रात को सोने के लिए खाट-बिस्तर दे देना।

सिपाही : बहुत अच्छा सरकार, पर हुजूर रात को मेरी रवानगी है। मुहर्रम पर ड्यूटी लगी है, दयालपुर गाँव में।

कोतवाल : तो इससे क्या फरक पड़ता है। यह सुबह जाते हुए बराबर के क्वार्टर में चाबी दे जाएगा। कर भला हो भला।

(दृश्य बदलता है। कोतवाली में कोतवाल और सिपाही बात कर रहे हैं।)

कोतवाल : *(सिपाही से)* क्यों रे रामभरोसे! मुहर्रम अमन-शांति से गुजर गया! कोई लफड़ा तो नहीं हुआ गाँव में।

सिपाही : हाँ सरकार ठीक-ठाक बीत गया। टैनशन थी पर पुलिस ने गड़बड़ नहीं होने दी।

कोतवाल : और कोई विशेष बात, रामभरोसे।

सिपाही : हाँ सरकार, मैं दो दिन के बाद लौटा हूँ, तो मेरे बक्से से पाँच सौ रुपये गायब हैं।

कोतवाल : पाँच सौ रुपये गायब हैं, कहाँ चले गए?

सिपाही : मुझे तो लगे है सरकार वही लड़का ले उड़ा, जो उस दिन क्वार्टर में सोया था, और अपने को चोर बता रहा था।

कोतवाल : नहीं-नहीं, वह लड़का चोर नहीं हो सकता। चोर

अपने आपको चोर बताकर मेहमान थोड़ी बने है कहीं।

सिपाही : पर सा'ब मेरे तो पाँच सौ रुपये उठ गए।

कोतवाल : अबे बराबर के क्वार्टर वालों में से तो किसी का काम नहीं? चाबी तो उन्हीं को दे गया था वह लड़का।

सिपाही : यह भी हो सकता है सरकार! बराबर वालों का लड़का भी कम आफत का पुर्जा नहीं है।

कोतवाल : धीरज रख, हम चोरी का पता लगाएँगे।

(दृश्य बदलता है। धीरू और नसीरू एकांत में एक-दूसरे से वार्ता करते हुए दिखाई देते हैं।)

धीरू : नसीरू भाई! साधु ने बिलकुल ठीक बोला था।

नसीरू : क्या बोला था ठीक, साधु ने।

धीरू : यही कि सच आदमी को निडर बनाता है और झूठ कायर।

नसीरू : वह कैसे?

धीरू अब यही देख, मैं थाने गया। मैंने सच-सच बोल दिया कि मैं चोर हूँ, फिर भी मुझे कोतवाल ने सिपाही के पास ठहरा दिया। सिपाही रात को ड्यूटी पर गया तो मैंने अटैची से पाँच सौ रुपये उड़ा लिए।

नसीरू : तो इसमें निडरता और कायरता की क्या बात हुई?

धीरू : बात यह है यार नसीरू! यह पहली चोरी है, जिसको करके मुझे पकड़े जाने का भय नहीं लगा। किसी को विश्वास ही नहीं है कि मैं चोर हूँ। देखा सच का मजा।

नसीरू : बेटे! काठ की एक ही बार चढ़े है। बार-बार ऐसा सच बोलेगा तो मारा जावेगा कुत्ते की मौत।

(थाने में कई लड़के रस्सी में बँधे बैठे हैं। सबके-सब देखने में स्कूल के छात्र दिखाई देते हैं।)

कोतवाल : अबे सच-सच बोलो, रामभरोसे के क्वार्टर में चोरी किसने की है? मार-मारकर भुर्ता कर दूँगा नहीं तो।

एक लड़का : मैंने चोरी नहीं की कोतवाल साहब, मैं बेकसूर हूँ।

दूसरा लड़का : मुझे तो वैसे ही पकड़ लाए हैं जी, सिपाही लोग।

कोतवाल : अबे सिपाही लोगों के बच्चे!

लड़का : सिपाही लोगों का बच्चा नहीं हूँ जी मैं! मैं तो अपने माँ-बाप...।

कोतवाल : यह बहुत बक-बक करता है, रामभरोसे! करो हवालात में बंद इसे और लगाओ दो झापड़ कसके।

(दो सिपाही लड़के की पिटाई करते हैं।)

सिपाही : बोल बे चोरी की है तूने?

लड़का : नहीं की, नहीं की।

सिपाही : *(मारते हुए)* अबे नहीं की के बच्चे। बोल की है, की है।

लड़का : *(चीखते हुए)* की है, दीवान जी, की है।

सिपाही : *(धक्का देते हुए)* चल बच्चे हवालात में।

(दृश्य बदलता है। धीरू और नसीरू आपस में बात कर रहे हैं।)

धीरू : यार नसीरू, यह तो बहुत बुरा हुआ। किसी की बला किसी के सिर जा पड़ी। चोरी मैंने की, दंड भुगत रहा है कोई और।

नसीरू : भुगतने दे यार, तेरे बाप का क्या जा रहा है?

धीरू : नहीं यार! यह बात ठीक नहीं लग रही है, मुझे।

नसीरू : नहीं लग रही तो जा भाड़ में। जा फँसा फाँसी के फंदे में अपना गला।

धीरू : पर मेरे किए का फल दूसरा क्यों भुगते?

नसीरू : तो जा बोल दे थाने में जाके सच-सच और फिर देख मजा सच का।

धीरू : एक बार सच बोल के देख लिया, फल ठीक निकला। अबके फिर सच बोलूँगा पता चल जाएगा साधु ठीक कहता थे या तू ठीक कहता है।

नसीरू : मुझे तो लगता है यार सचमुच ही तेरा दिमाग चल गया है।

(दृश्य बदलता है। धीरू थाने में कोतवाल के सामने हाथ जोड़े खड़ा है।)

धीरू : सरकार, दीवानजी के घर चोरी मैंने की थी, जिसे पकड़ रखा है, उसने नहीं।

कोतवाल : अबे तूने की थी?

धीरू : हाँ सरकार, मैंने तो पहले ही बता दिया था, मैं चोर हूँ।

कोतवाल : अबे, फिर मसखरी करने आ गया यहाँ!

धीरू : मसखरी नहीं कर रहा सरकार। ये रहे चार सौ पचास रुपये। दस-दस के पाँच नोट खरच लिए मैंने।

कोतवाल : *(सिपाही से)* अरे रामभरोसे, यह पहला चोर है मेरे जीवन में जो इतना सच्चा, इतना खरा है। ये रुपये रख और सच बोलने के इनाम में माफ कर दे इसे।

सिपाही : अच्छा सरकार!

कोतवाल : यह लड़का सच बोलता है तो आगे पाप नहीं करेगा क्योंकि जहाँ सच है, वहाँ पाप नहीं है।

सिपाही : सरकार, आपकी बात ठीक ही है।

(धीरू खुश-खुश थाने से बाहर आता है। बाहर नसीरू उसकी प्रतीक्षा कर रहा है।)

धीरू : देख नसीरू! सच ने मेरी जान बचा दी। अब मैं आगे से चोरी का पाप नहीं करूँगा। ऊँचे स्वर में गाता है–

सच्च बोलकर आदर पाया, चोर बना महमान
सच्च बड़ा बलवान है बाबा, सच्च बड़ा बलवान

समाप्त

समय-समय का इंसाफ

❑

पात्र-परिचय

रानी के पिता

रानी की माँ

रानी एवं गुलाबवती

न्यायाधीश एवं पेशकार

प्रतिवादी

दो व्यक्ति

(एक छोटे-से कस्बे का साधारण-सा घर। दस-ग्यारह वर्ष की एक बालिका अपने अधेड़ उम्र के पिता से बातचीत कर रही है। माँ दूसरे बच्चे को अपनी गोद में बिठाए दुलार रही है।)

रानी : बापू आज शाम को हमारे स्कूल चलना। बड़ा मजा आएगा?

पिता : क्या मजा आएगा रानी बेटी! कुछ बता तो सही।

रानी : स्कूल में आज एक नाटक दिखाया जाएगा। इसका नाम है इंसाफ।

पिता : तो यों कहो, इंसाफ नहीं इंसाफ का नाटक किया जाएगा।

रानी : *(बात में छिपा अर्थ न समझते हुए)* मेरी समझ में

आपकी बात नहीं आती। सभी बच्चों के माता-पिता नाटक देखने आएँगे।

माँ : अरी बिटिया! नाटक देखने की फुर्सत ही कहाँ है तेरे पिताजी को!

पिता : नाटक में इंसाफ का क्या देखना बेटी, इंसाफ दुनिया में है कहाँ? बस नाटक ही नाटक है इंसाफ का।

माँ : दस साल हो गए तेरे पिता जी को मुकदमा लड़ते-लड़ते। कबड्डी चल रही है। न आर न पार।

पिता : *(अपनी बात पर जोर देते हुए)* अदालत नहीं तो इंसाफ कैसा? पर इंसाफ मिले तो! तेरे ताऊ ने मेरी जमीन पर जबरदस्ती कब्जा कर रखा है। दस साल से मुकदमा लड़ रहा हूँ। पर ऊँट है कि किसी करवट बैठकर ही नहीं दे रहा है।

माँ : ऊँट तो तब बैठे जी, जब कोई उसे बिठावे। वकील लंबी तानके सोवे हैं। हाकिम लंबी तान के सोवे है। तब मुकदमे का ऊँट अकेला खड़ा जुगाली ना करे तो क्या करे?

रानी : *(खीजकर)* अच्छा बापू, समय मिले तो आ जाना।

पिता : मुझे पहले वकील के पास जाना है। कल को तारीख है। वहाँ से जल्दी छुट्टी मिल गयी तो तेरे स्कूल भी आ जाऊँगा।

(दृश्य बदलता है। नाटक का मंच सजा हुआ है। रानी बूढ़ी महिला का वेश धारण किए हुए मध्यकाल के एक मुंसिफ के सामने खड़ी है। मुंसिफ ने काले वस्त्र और सफेद पगड़ी धारण कर रखी है। बगल में पेशकार बैठा है। रानी के पास दूसरे पक्ष के दो व्यक्ति कमर के पीछे हाथ बाँधे खड़े हैं।)

पेशकार : *(ऊँची आवाज में)* गुलाबवती हाजिर हो?

गुलाबवती : *(दो कदम आगे बढ़ते हुए)* हाँ जी पेशकार जी, हाजिर है।

पेशकार : *(गुलाबवती की फाइल न्यायाधीश के सामने रखते हुए)* कुछ और कहना है तुझे, गुलाबवती?

गुलाबवती : *(न्यायाधीश के सामने हाथ जोड़ते हुए)* हाँ जी सरकार, कहना तो बहुत कुछ है।

न्यायाधीश : कहो-कहो, बिना झिझक कहो, गुलाबवती।

गुलाबवती : *(निरंतर हाथ जोड़े हुए)* हुजूर मुंसिफ जी! मैं एक गरीब विधवा नारी हूँ। पति की मृत्यु हो गई तो उसके रिश्तेदारों ने मेरी जमीन और जमीन के बीचोबीच बने हुए कुएँ पर कब्जा जमा लिया है। मैंने बहुत विनती की पर उन्होंने कब्जा नहीं छोड़ा। मैं भूखो मर रही हूँ सरकार। पर किसी को मेरी हालत पर दया नहीं आती।

न्यायाधीश : *(उन दो व्यक्तियों की तरफ देखते हुए, जो पीछे हाथ बाँधे खड़े हैं)* तुम्हें अपनी सफाई में कुछ कहना है।

पहला व्यक्ति : बुढ़िया बिलकुल झूठ बोलती है मुंसिफ सा'ब!

दूसरा व्यक्ति : बुढ़िया ने जो कुछ कहा हुजूर, उसमें इतना भी सच नहीं, जितनी उड़द पर सफेदी।

न्यायाधीश : इसका झूठ और अपना सच कैसे साबित करोगे तुम!

पहला व्यक्ति : सच तो अपने मुँह से आप बोल उठता है सरकार।

न्यायाधीश : कहाँ बोल रहा है सच अपने मुँह से। दिखाओ हमें भी। क्या तुम्हारे माथे पर लिखा है कि तुम सच्चे हो और इस बुढ़िया के माथे पर लिखा है कि यह झूठी है। बोलो।

दूसरा व्यक्ति : माथे पर तो नहीं लिखा है, सरकार।

न्यायाधीश : फिर कैसे साबित होगा कि सच्चा कौन है?

पहला व्यक्ति : कब्जा सच्चा माना जाता है सरकार, दावा झूठा। मौके पर जाकर देख लो माई-बाप जमीन पर कब्जा किसका है।

न्यायाधीश : *(अपने कलमदान की ओर इशारा करते हुए)* तुम मेरे कलमदान को अगर जोर-जबरदस्ती से अपने कब्जे में कर लो तो क्या यह कलमदान तुम्हारा हो जाएगा?

दोनों व्यक्ति : *(एक साथ)* नहीं सरकार पर ...पर।

गुलाबवती : सच यही है मुंसिफ जी! इन्होंने जबरन कब्जा कर रखा है मेरी जमीन और कुएँ पर भी।

पहला व्यक्ति : सरकार! भरी बस्ती में क्या ऐसा संभव है? हम ऐसा करते तो क्या पंचायत हमें गाँव में रहने देती?

गुलाबवती : पंचायत तो क्या, भगवान भी झगड़ालू का साथ देता है, मुंसिफ जी। वह जो कहते हैं ना लुच्च बड़ा परमेश्वर से।

न्यायाधीश : अच्छा हम, स्वयं सच्चाई का पता लगाएँगे, कल तक।

पहला व्यक्ति : जरूर-जरूर माई-बाप।

दूसरा व्यक्ति : हाँ, सरकार आप स्वयं देखें कि मौके पर कौन काबिज है? यह बुढ़िया कि हम।

न्यायाधीश : अगर तुम सच्चे हो तो क्या सच के लिए कोई कुर्बानी देने को तैयार हो?

दोनों व्यक्ति : *(बार-बारी)* हाँ सरकार। आप जो हुक्म करें।

(बुढ़िया और दोनों प्रतिवादी आगे-पीछे न्यायालय से वापस लौटते दिखाई देते हैं।)

पहला व्यक्ति : यार यह मुंसिफ तो कुछ सिरफिरा ही लगता है?

दूसरा व्यक्ति : सिरफिरा न होता तो सच के लिए बलिदान माँगता?

पहला व्यक्ति : पता नहीं क्या बलिदान माँग ले?

दूसरा व्यक्ति : अब जो भी माँगे, कुआँ और जमीन हड़पनी है, तो जो कहेगा करना ही पड़ेगा।

गुलाबवती : *(आगे बढ़ते हुए)* आँखें मूँद के ईमान को मत निगलो रे, कुछ तो सरम करो।

पहला व्यक्ति : सरम करेंगे तो क्या खाएँगे तेरा सिर!

दूसरा व्यक्ति : जिसने की सरम उसके फूटे करम।

(दोनों बुढ़िया को चिढ़ाने के लिए ठहाका लगाते हैं।)

गुलाबवती : गरीब की आह बुरी होवे है, मेरी आह मत लो।

पहला व्यक्ति : गरीब को मारा था तो नौ मन चर्बी निकली थी बुढ़िया।

दूसरा व्यक्ति : नौ मन से कम इसमें भी नाए है! सच के लिए कुर्बानी तो इससे लेनी चाहिए मुंसिफ को, इससे। हमारे पास क्या धरा है?

(गाँव आने पर बुढ़िया और प्रतिवादी अपने-अपने घरों की तरफ मुड़ जाते हैं।)

(दृश्य बदलता है। सूर्योदय से पहले ही न्यायाधीश गुलाबवती के कुएँ पर उपस्थित दिखाई देता है। साथ में पेशकार, सिपाही आदि हैं। गुलाबवती और दोनों प्रतिवादी कुछ अन्य व्यक्तियों के साथ चुपचाप खड़े हैं।)

न्यायाधीश : इस कुएँ में सीढ़ियाँ हैं?

गुलाबवती : हाँ सरकार, सीढ़ियाँ हैं इसमें।

न्यायाधीश : सच का पता लगाने से पहले हम स्नान करेंगे।

पहला व्यक्ति : बाल्टी लाऊँ हुजूर!

न्यायाधीश : हम कुएँ के भीतर ही सीढ़ी पर बैठकर स्नान करना चाहेंगे।

दूसरा व्यक्ति : कुआँ बहुत गहरा है सरकार, कहीं पाँव न फिसल जावे।

(न्यायाधीश वस्त्र उतारकर कुएँ के भीतर घुस जाता है और कुछ ही देर बाद बाहर निकलता है। उसके शरीर से पानी की बूँदें टपक रही हैं।)

गुलाबवती : *(चादर आगे बढ़ाते हुए)* लो सरकार, शरीर पोंछ लो इससे।

पहला व्यक्ति : बताओ सरकार कुएँ के जल ने आपसे क्या कहा?

न्यायाधीश : बताता हूँ, बताता हूँ। पहले एक काम करना है। नहाते समय मेरी अँगूठी उँगली से निकलकर कुएँ में गिर गई है। तुम दोनों में से कोई भी उसे ढूँढकर लाओ। अँगूठी पच्चीस हजार टके की है, अगर न मिली तो इस कुएँ और जमीन के मालिक से इतनी धनराशि वसूल की जाएगी।

दूसरा व्यक्ति : सरकार...सरकार।

न्यायाधीश : *(पेशकार से)* गाँव में इस मामले की मुनादी करा दी जाए।

(मुनादीवाला ढोल लिए घूमता दिखाई देता है।)

पहला व्यक्ति : यार यह मुंसिफ तो बिलकुल ही पागल निकला। 25 हजार टके की तो सारी संपत्ति भी नहीं है यह।

दूसरा व्यक्ति : सारा घर-द्वार बेचकर भी दें तो पच्चीस हजार टके ना होंगे इकट्ठे।

पहला व्यक्ति : पर देने से होगा क्या? कुआँ और जमीन तो पाँच हजार टके की भी नहीं हैं।

दूसरा व्यक्ति : भला इंसाफ किया इस मुंसिफ ने! हमारा जूता हमारा सिर। अँगूठी ढूँढने में कुएँ की बूँद-बूँद छानें और ना मिले तो पच्चीस हजार टके दें।

पहला व्यक्ति : इतने की तो फसल भी न कटेगी, जितने की दराँती टूटेगी यार!

दूसरा. व्यक्ति : अब खैरियत इसी में है, जमीन और कुआँ छोड़कर चुप बैठ जाओ।

पहला व्यक्ति : हाँ-हाँ यार तू ठीक कहता है। घड़ा बुढ़िया के सिर पे फूटने दो। अँगूठी कुएँ से मिलेगी नहीं। इतने रुपये वह देगी कहाँ से? जेल जाएगी जेल।

(दृश्य बदलता है। मुंसिफ और पेशकार बराबर में बैठे हैं। दो सिपाही पीछे खड़े हैं। बूढ़ी गुलाबवती धीरे-धीरे चलती हुई कमरे में प्रवेश करती है।)

पेशकार : क्यों गुलाबवती! अँगूठी मिली साहब की?

गुलाबवती : नहीं सरकार! बहुत ढूँढी पर हाथ नहीं आई।

पेशकार : तब अँगूठी के रुपये!

न्यायाधीश : *(बात काटते हुए)* इस मामले के प्रतिवादी नहीं आए जमीन और कुएँ के दावेदार।

गुलाबवती : वह जमीन छोड़ बैठे सरकार।

न्यायाधीश : क्यों?

गुलाबवती : वे कहते हैं इतने का सिर नहीं, जितने का जूता मार दिया मुंसिफ ने।

न्यायाधीश : ठीक भी है। सच के लिए बलिदान सच्चा ही कर सकता है, झूठा नहीं।

गुलाबवती : हाँ माई-बाप।

न्यायाधीश : तब साबित हुआ कि वह जमीन तेरी है, कुआँ तेरा है, उनका कब्जा अवैध है।

गुलाबवती : युग-युग जियो सरकार!

न्यायाधीश : (पेशकार से) दोनों अवैध दावेदारों को जेल का परवाना जारी करो पेशकार! दोनों को दो-दो साल की कड़ी सजा दी जाती है।

समाप्त

दो दर्पण

❑

पात्र-परिचय

चौधरी

घिस्सू, मक्खन

चोखेराम, छदम्मी

छेदीलाल

मुनीम

मजदूर, रहमत

मोहनलाल, ब्राह्मण

लीलावती, राजमाता

(गाँव के मुख्य चौराहे पर कुछ ग्रामीण खड़े हुए आपस में बातें कर रहे हैं। तभी गाँव का प्रधान चौधरी महरसिंह आता है और दूर से ही आवाज देता है।)

चौधरी : अरे ओ घिस्सू!

घिस्सू : हाँ चौधरी, बोल क्या हालचाल है! क्या हो रिया है?

चौधरी : अरे भैया! होना-हुआना क्या है? बस काटरिया हूँ ज्यों-त्यों करके।

मक्खन : दिन तो सभी काट रहे हैं चौधरी। कोई सीधी तरह, कोई टेढ़ी तरह।

चौधरी : सीधी तरह दिन नहीं न कटता है, मक्खनलाल। भला

सीधी उँगलियों से दूध निकले है?

चोखेराम : बात तो ठीक कहते हो, चौधरी।

घिस्सू : पर चौधरी, यह तो बोल कि यह सीधे-तिरछे का गड़बड़झाला क्या है?

चौधरी : बात कुछ ऐसी है चौधरी, मैं सोच रिया हूँ कि अबके गाँव में एक धर्मशाला तो बन ही जाए।

मक्खन : हाँ चौधरी, तू ठीक सोचे है। गाँव में एक धर्मशाला तक नहीं है। बेटी का शादी-ब्याह हो, कोई और काम हो, पंचायत बैठे। कोई जगह है ही नहीं ऐसी।

चोखेराम : फिर क्या सोचे है चौधरी, कैसे होवेगा?

चौधरी : अरे चुनाव आने वाला है। फँसने दे कोई तगड़ा-सा कंडीडेट। एक दाँव में धर्मशाला बनी रक्खी है।

मक्खन : अरे यारो, चुनाव की बाट काहे को जोह रए हो? चुनाव का क्या है, टल भी जावे है। मैं तेरे को एक बढ़िया जुगत बताऊँ हूँ।

सब एक साथ : हाँ-हाँ, बता चोखेलाल।

चोखेराम : अरे वह शहर का सबसे मोटा धनपति सेठ छदम्मीलाल है ना, सुना है वह बड़ा दानवीर हो गया अब।

चौधरी : चर्चा तो हमारे तक भी आई है, चोखेराम।

मक्खन : हाँ, कहते हैं, उसने कई सारी धरमशालाएँ, मठ-मंदिर, कई विद्यालय, अस्पताल बनवाए हैं।

घिस्सू : बनवाए तो बतावे हैं।

चोखेराम : तो चलो उसी से बात करे हैं। शायद मन में आ ही जाए।

(दृश्य बदलता है। सभी ग्रामीण पैदल चलते हुए निकट के शहर में आ जाते हैं। एक भव्य भवन के बाहरी कमरे में सेठ छदम्मीलाल जी तख्त पर विराजमान हैं। आसपास कई लोग बैठे हैं।)

चौधरी : *(आगे बढ़ते हुए)* राम-राम सेठ साहब!

छदम्मी : राम-राम। आओ चौधरी बैठो।

(एक-एक करके सब बैठ जाते हैं।)

चौधरी : सब कुशल-मंगल, सेठ सा'ब!

छदम्मी : हाँ-हाँ, सब ठीक है। तुम बताओ कैसे कष्ट किया इस समय!

चौधरी : कष्ट-वष्ट काहे का सेठ सा'ब। हमारा धन्य भाग, जो आपके दरसन हो गए।

छदम्मी : कोई बात नहीं, कोई बात नहीं। कोई सेवा हो तो बताओ।

चौधरी : वह बात ऐसी है सेठ सा'ब। हमारे गाँव में कोई धरमशाला, पंचायतघर नहीं है। भारी कष्ट होता है, शादी-ब्याह के मौके पर। मेले-ठेलों के मौके पर। पंचायत भी ना बैठ पावे है किसी ढंग के स्थान पर।

चोखेराम : गाँव के लोग आपकी दानवीरता के गुणगान सुनकर आए हैं।

मक्खन : सारा जगत जाने है सेठ सा'ब को। खालिस पुण्य कमा रहे हैं, खालिस पुण्य।

छदम्मी : कितना पैसा लग जावेगा, तुम्हारे गाँव की धरमशाला में!

चौधरी : यही कोई लाख डेढ़ लाख। ज्यादा नहीं।

मक्खन : अरे चौधरी, सेठजी के लिए लाख डेढ़ लाख क्या चीज है! हाथ का मैल है, हाथ का।

चोखराम : अरे बावलो। हाथ तो क्या नाखून का मैल कहो, नाखून का।

घिस्सू : हाँ, तू ठीक कहता है चोखे। सेठ सा'ब, धोत्ती की जूँ झाड़ें तो सवा लाख टके झड़ जाएँ।

चोखेराम : अरे सवा लाख क्यों, इत्ते झड़ जाएँ कि गिनते ना बन पड़ें।

छदम्मी : अच्छा, अब बंद करो यह गुणगान। *(मुनीम को आवाज देते हुए)* मुनीम जी!

(धोती पगड़ी बाँधे मुनीम जी सामने आ खड़े होते हैं।)

छदम्मी : पास के गाँव लकड़ियापुर में एक धर्मशाला बननी है। मुनीम जी, डेढ़ लाख रुपये दानखाते में दर्ज कर लो।

मुनीम जी : बहुत अच्छा, सरकार।

छदम्मी : *(ग्रामीणों को संबोधित करते हुए)* धरमशाला के लिए पैसा तो मिलेगा चौधरी तुम्हें! पर एक शर्त है।

चौधरी : शर्त बताओ, सेठ सा'ब। मानने वाली होगी तो जरूर मानेंगे।

मुनीम जी : कोई ऐसी भारी शर्त नहीं। बस तुम्हें यह करना होगा कि धर्मशाला के चौक में बीचोंबीच सेठ छदम्मीलाल की आदमकद मूर्ति लगवानी पड़ेगी। सफेद संगमरमर की बनी। उसकी लागत हम तुम्हें अलग से देंगे।

सब : *(एक स्वर में)* जरूर-जरूर! सेठ साहब की मूर्ति जरूर लगेगी।

छदम्मी : हाँ वह बात ऐसी है, भाइयो। इस तरह एक यादगार बची रह जाती है।

(दृश्य बदलता है। ग्रामीण खुशी-खुशी चले जाते हैं। शहर के नुक्कड़ पर कुछ लोग खड़े बात कर रहे हैं।)

मजदूर : भैया छेदीलाल! मुहल्ले के बालकों को पाठशाला की बड़ी परेशानी है। मौत की छाँव में पाठ पढ़ते हैं बिचारे।

छेदीलाल : हाँ है तो। पर सरकार पाठशाला का भवन बनवाने की सुध ही नहीं लेती।

रहमत : लेती क्यों नहीं, कागजों में शानदार भवन कबका बनकर तैयार हो चुका है।

मजदूर : ठीक है भवन कागज पे बन गया, पर बालक कोई कागज के थोड़ी हैं। वह तो हाड़-मास के हैं। छत गिर गई तो।

छेदीलाल : हाँ खटका तो यही है।

रहमत : सरकार तो भवन बनवाने से रही, चलो साहू छदम्मीलाल से बात करें। उसके दान-पुण्य की बड़ी चर्चा है, इन दिनों। वह तैयार हो गया तो महकमे को लिखकर दे देंगे।

छेदीलाल : हाँ चलो, उन्हें बताएँगे, पाठशाला का भवन गिराऊ खड़ा है। किसी भी समय छत गिर सकती है। बरसात सिर पर आ गई है। बालक धूप और वर्षा में...

मजदूर : *(बात काटते हुए)* अबे उल्लू की दुम, जो बात सेठ छदम्मीलाल से कहनी है, सारी-की-सारी हमसे क्यों कह रहा है!

(सब हँसते हैं और छदम्मीलाल के दरबार में पहुँच जाते हैं।)

छेदीलाल : राम-राम साहू साहब!

(सब राम-राम करते हुए हाथ जोड़ते हैं।)

छदम्मी : बैठो भाई बैठो! कैसे आना हुआ छेदीलाल! कुशलक्षेम तो है सब!

छेदीलाल : कृपा है सेठ जी, आपकी ....।

छदम्मी : कृपा तो भगवान की है, हम तो तुच्छ प्राणी हैं

छेदीलाल।

छेदीलाल : कैसी बात कर रहे हो सेठ सा'ब! आप भी भगवान के साक्षात रूप हैं।

छदम्मी : अच्छा बताओ कैसे कष्ट किया इस समय?

छेदीलाल : वह बात यह है सेठ, आप बड़े दानवीर हैं इस देश में, पुण्य के इतने कार्य किए हैं आपने, जिनकी कोई गिनती नहीं।

रहमत : हाँ-हाँ, क्यों नहीं, क्यों नहीं, सेठ सा'ब जानते हैं, संसार की माया और पेड़ की छाया कभी स्थिर नहीं रहती। धन तो हिंडोले का खटोला है, जो कभी ऊपर तो कभी नीचे।

मजदूर : तभी तो स्वर्ग में अपनी सीट पक्की करा रहे हैं सेठ सा'ब।

छेदीलाल : सच है पुण्य ही काम आता है परलोक में, धन नहीं।

छदम्मी : अच्छा अब बताओगे भी, कैसे कष्ट किया, तुम लोगों ने।

छेदीलाल : बात यह है सेठ जी, हमारे मोहल्ले की पाठशाला बुरी हालत में है। उसका भवन सरकार तो बनाती नहीं, आप ही ... ।

छदम्मी : कितनी कक्षाएँ बननी हैं?

मजदूर : केवल चार।

रहमत : और पुराने भवन का लिंटर भी।

छेदीलाल : बालक-बच्चे दुआ देंगे, सरकार आपको।

छदम्मी : ठीक है। कितना धन लगेगा उसमें?

छेदीलाल : ये तो सब आप ही जानते हैं सरकार!

छदम्मी : ठीक है ठीक है। पर एक शर्त है।

छेदीलाल : बताओ सेठ सा'ब।

छदम्मी : मेरे नाम का पत्थर लगवाना होगा, तुम लोगों को।

उस पर लिखा होगा सेठ छदम्मीलाल द्वारा निर्मित। समझे।

सब : *(एक साथ)* मंजूर है। मंजूर है।

छदम्मी : *(मुनीम को आवाज देते हुए)* मुनीम जी। *(मुनीम आता है)* देखो इनके मोहल्ले की पाठशाला बननी है, दानखाते में दो लाख लिख दो।

(सब खुशी-खुशी वापस होते हैं।)

मुनीम : *(छदम्मीलाल से)* सेठ सा'ब! सचमुच आपने बहुत पुण्य कमाया है जीवन में! अब भी कमा रहे हैं। इतना दान-पुण्य शायद ही किसी ने किया हो, जितना आपने किया है। अब तक दर्जनों विद्यालय, धर्मशालाएँ, अस्पताल आदि आप बनवा चुके हैं। करोड़ों रुपये फूँक दिए समाजसेवा में। एक काम और करो सा'ब। पास के गाँव बाँकरपुर में कोई मंदिर नहीं है पूजा-अर्चना के लिए। वहाँ एक मंदिर बनवाना शुरू कर दो।

छदम्मी : जरूर-जरूर। कल ही से मंदिर बनवाना शुरू कर दो।

मुनीमजी : बहुत अच्छा सरकार!

छदम्मी : पर कुछ ऐसा करो मुनीम जी, यह मंदिर छदम्मीलाल वाला मंदिर कहलाए, इसी नाम से प्रसिद्धि हो उसकी।

मुनीमजी : यह तो मेरे बाँए हाथ का खेल है, सेठ सा'ब!

(दृश्य बदलता है। सेठ छदम्मीलाल बीमार है और खाट पर पड़ा है। सिरहाने उसकी पत्नी लीलावती बैठी पति का सिर दबा रही है। तभी वहाँ खाता लिए हुए मुनीम आता है।)

मुनीमजी : राम-राम सेठ सा'ब!

छदम्मी : राम-राम! कहो मुनीम जी क्या हाल है?

मुनीमजी : हाल की मत पूछो जी, बेहाल है बेहाल।

छदम्मी : कुछ तो कहो।

मुनीमजी : कहना ही क्या है, फूटी कौड़ी नहीं है, अब जमा-जोखो में। उधर व्यापार में कई बार घाटा आया, इधर आपकी लंबी बीमारी ने कबाड़ा करके रख दिया सारा।

लीलावती : कहीं से कुछ पैसा उधार ही ले लो, मुनीम जी।

मुनीमजी : उधार कौन देता है मालकिन। जिन्हें कभी उधार दिया था, वे भी अब मजाक उड़ा रहे हैं।

लीलावती : जितने गहने मेरे पास थे, वे भी सब बिक गए, फूटी कौड़ी भी पल्ले नहीं रही, अब! नौबत भुखमरी की आ गई है। पर उन्हें रोग ऐसा लगा कि जाने का नाम नहीं लेता।

छदम्मी : *(कराहते हुए)* मुनीमजी! जरा झपट के सेठ मोहनलाल पराठेवाले को बुला लाओ। कभी उसके बिगड़े समय में पचास लाख दिए थे मैंने उसे।

(सेठ पराठेवाला आता है।)

छदम्मी : मोहनलाल जी! आप जानते हैं इन दिनों मैं भारी संकट में हूँ। पैसा पास नहीं ऊपर से बीमारी...।

मोहनलाल : *(बात काटते हुए)* जो भाग्य में लिखा है, सेठ सा'ब, वह तो भोगना ही पड़ता है आदमी को। पर माँगने से पहले मर जावे तो अच्छा है।

(ही-ही करके हँसता है।)

छदम्मी : तुम्हें याद है मोहनलाल! जब तुम संकट में थे तो मैंने

तुम्हारी सहायता की थी।

मोहनलाल : सेठ सा'ब, मूर्ख ही याद रखते हैं ऐसी फिजूल बातों को। मैं कोई मूर्ख थोड़ी हूँ।

(ही-ही करके हँसता है।)

छदम्मी : *(खीजकर)* तो तुम मेरा मजाक उड़ा रहे हो!

मोहनलाल : मजाक मैं नहीं उड़ा रहा हूँ छदम्मी। किस्मत उड़ा रही है, किस्मत।

(ठहाका लगाता है।)

(दृश्य बदलता है। छदम्मीलाल खाट पर अकेला पड़ा है। वह बीमारी से सूखकर काँटा हो गया है। तभी एक ब्राह्मण की आवाज आती है।)

ब्राह्मण : कुछ दान-दक्षिणा महाराज! बहुत दूर से चलकर आया हूँ।

छदम्मी : *(अपने पास पड़ी खटिया पर बैठने का इशारा करते हुए)* कहाँ से आए हो! क्या चाहते हो ब्राह्मण देवता, क्या चाहते हो?

ब्राह्मण : आया तो था तुम्हारी दानवीरता की चर्चा सुनकर। यहाँ तो कुछ और ही दृश्य देख रहा हूँ।

छदम्मी : बीमारी और व्यापार के घाटे ने कुछ नहीं छोड़ा। दाने-दाने का मुहताज हूँ अब तो।

ब्राह्मण : पर इस गाँव के लोग बड़े धूर्त हैं। मैं अपनी कन्या के विवाह में दान लेने आया था। कई ने मुझसे कहा- 'सौ घर न माँगकर एक घर माँग'। छदम्मीलाल बड़ा साहूकार है यहाँ, दानवीर भी। ब्राह्मण देवता की सारी इच्छा पूरी करेगा। मैं यह सुनकर यहाँ चला आया।

पर यहाँ तो कुछ और ही देख रहा हूँ।

छदम्मी : तुमसे गाँववालों ने मजाक किया, ब्राह्मणपुत्र।

ब्राह्मण : मुझसे नहीं छदम्मीलाल तुमसे। दुनिया गिरे को दो धक्के और देती है।

(बातचीत के बीच लीलावती अंदर से निकलकर बाहर आती है।)

लीलावती : *(जिज्ञासा के साथ)* कैसा मजाक, किसने मजाक किया है हमसे!

छदम्मी : यह पंडित जी महाराज कन्या के विवाह के लिए कुछ दान-दक्षिणा लेने निकले थे। गाँववालों ने मजाक में इन्हें यहाँ भेज दिया। अब यहाँ क्या रखा है? नंगे के पास न नहाने को है, न निचोड़ने को।

ब्राह्मण : चिंता मत करो महाराज, भगवान भली करेगा।

(ब्राह्मण वापस जाने के लिए उठता है पर लीलावती चरण छूकर उसे रोक लेती है।)

लीलावती : महाराज, इस द्वार से आज तक कोई खाली हाथ नहीं गया है। वह तुम्हारी बेटी ही नहीं, हमारी भी है। एक कंठी बचा रखी थी, विवाह की यादगार। वह तुम्हें देती हूँ।

(ब्राह्मण आशीर्वाद देकर चला जाता है। कुछ ही देर बाद मुनीम प्रवेश करता है।)

मुनीमजी : सेठू सा'ब, कुछ पता है, आपको! अभी-अभी राजमाता की ओर से मुनादी हुई है कि अगर कोई अपने पुण्य बेचना चाहे तो वह खरीद सकती हैं। आपने जीवन-भर पुण्य के काम किए हैं, मानव-सेवा की है। दर्जनों अस्पताल, कुएँ, धर्मशालाएँ बनवाईं। एकआध पुण्य

को अगर बेच देंगे तो क्या फरक पड़ेगा?

छदम्मी : *(सोचता है)* हाँ, तुम ठीक कहते हो मुनीम जी! जीवन की गाड़ी तो चले किसी प्रकार।

लीलावती : इतने पुण्य कमाए हैं, दो चार उनमें से बिक भी गए तो क्या है!

(मुनीम एक पालकी में सेठ छदम्मीलाल को लेकर राजदरबार में पहुँचता है। वह महल में राजमाता को अपने उद्देश्य की सूचना भिजवाता है। राजमाता बाहर आती हैं।)

राजमाता : तुम अपना कोई पुण्य बेचना चाहते हो?

छदम्मी : हाँ, राजमाता।

राजमाता : मेरे पास दो दर्पण हैं। इनमें एक सच्चे पुण्यों को दर्शाता है, दूसरा झूठे पुण्यों को। पहले तुम यह दर्पण लो और अपने द्वारा किए गए एक-एक पुण्य को याद करो।

(छदम्मीलाल दर्पण हाथ में लेता है।)

छदम्मी : हे दर्पण मैंने अमुक गाँव में धर्मशाला बनवाई थी।

राजमाता : अरे इसमें कोई चित्र नहीं तुम्हारा।

छदम्मी : हे भगवान, हे भगवान, यह क्या अन्याय है? सारे किए-धरे पर पानी फेर दिया तूने। हे दर्पण, मैंने पाठशाला बनवाई, अस्पताल बनवाए, विद्यालय बनवाए, मंदिर बनवाए, वे जहाँ-जहाँ भी हैं, उन्हें दिखा।

राजमाता : अरे दर्पण तो सपाट है।

छदम्मी : हे भगवान तो क्या मैं रेत में थूकता रहा! न पाप मिला न पुण्य।

(तभी दर्पण के भीतर से स्वर उभरता है।)

दर्पण : ऐसे जितने पुण्य तूने किए थे, वे सब दिखावे के थे। तूने उनका मूल्य चुका लिया। कभी नाम का पत्थर लगवाकर, कभी अपनी मूर्ति बनवाकर

(ठहाके के साथ दर्पणा चुप हो जाता है)।

राजमाता : *(दूसरा दर्पण देते हुए)* कोई और पुण्य किया हो तो उसे याद करके इस दर्पण में झाँको।

छदम्मी : *(दर्पण में झाँकता है)* ब्राह्मण देवता आओ, तुम कहाँ हो?

(ब्राह्मण देवता सोने की कंठी लिए दर्पण में उपस्थित हो जाता है।)

छदम्मी : *(प्रसन्नता से)* यह है राजमाता, यह है मेरा पुण्य।

राजमाता : हाँ, मैंने देख लिया है। बोलो क्या माँगते हो इसका, दस लाख बीस लाख, पचास लाख, करोड़, दो करोड़।

छदम्मी : नहीं-नहीं राजमाता! मैं इसे नहीं बेचूँगा। यह मेरा इकलौता पुण्य है। जीवन की अंतिम कमाई है।

(तभी दर्पण में से एक ठहाका उभरता है और पर्दा गिर जाता है।)

समाप्त

गुदड़ी के लाल

❑

पात्र-परिचय

मटरूमल	:	फड़ लगाने वाला
खचेड़ूमल	:	मटरूमल का दोस्त
कलावती	:	खचेड़ूमल की पत्नी
दयाराम	:	खचेड़ूमल का पुत्र

(एक व्यक्ति सड़क के किनारे फड़ लगाए बैठा है। फड़ पर रूमाल, मोजे, रंगबिरंगी टोपियाँ व चूड़ियाँ, खेल-खिलौने आदि लगे हुए हैं। वह निरंतर रुक-रुककर आवाज लगा रहा है।)

मटरूमल : हर माल पाँच रुपैया में। हर माल पाँच रुपैया में। आओ-आओ भाइयो, बहनो हर माल पाँच रुपैया में। हर माल पाँच रुपैया में। लुटा दिया, लुटा दिया।

(अचानक मटरूमल का बचपन का मित्र खचेड़ूसिंह फड़ पर आता है।)

खचेड़ूमल : क्यों बे मटरू, आ गया सुबह ही सुबह धंधा करने।

मटरूमल : मजबूरी है यार, धंधा न करूँ तो खाऊँ कहाँ से?

खचेड़ूमल : क्यों बात बना रहा है यार! दोनों हाथों से लूट रहा है

पब्लिक को। पाँच रुपये में तीन का माल भी ना देवे है, अंधी काट रहा है, अंधी।

मटरूमल : अबे दूर के ढोल सुहावने ही लगे हैं, आदमी को।

(फिर आवाज देता है। हर माल पाँच रुपैया में। हर माल पाँच रुपैया में। लुटा दिया, लुटा दिया।)

खचेडूमल : अबे! लुटा दिया मत कह! सच बोल, सच!

मटरूमल : और क्या सच बोलूँ। सच तो बोल ही रहा हूँ, यार खचेडू।

खचेडूमल : नहीं यार तू बोल, लूट लिया, लूट लिया पाँच रुपैया में, आओ-आओ।

(दोनों हँसते हैं।)

मटरूमल : यार खचेडू, मैं तो फड़ पर कुत्ते की तरह भौंकते-भौंकते थक गया। अब मुझसे दिन-भर नहीं चीखा जाएगा।

खचेडूमल : फड़ नहीं लगाएगा तो गूँगे का गुड़ खाके घर बैठेगा?

मटरूमल : नहीं यार! एक छोटी-सी दुकान ले ली है मैंने, पर मालिक पाँच हजार रुपये पगड़ी के माँग रहा है। वह मेरे पास हैं नहीं।

खचेडूमल : रुपये तो मेरे पास हैं, पर मैं दूँगा नहीं।

मटरूमल : क्यों झूठ बोलता है यार! कहाँ से आ गए तेरे पास रुपये। मेहनत-मजदूरी करके पेट पाल रहा है, अपना। कभी दिहाड़ी लगी, कभी ना लगी। मजाक भी मुझसे ही करने चला है।

खचेडूमल : झूठ नहीं न बोल रहा हूँ यार। तू अपना दोस्त है, तुझसे क्या झूठ बोलना!

मटरूमल : तो क्या कहीं से चोरी का पैसा मिल गया तुझे?

खचेडूमल : नहीं यार!

मटरूमल	:	तो बता सच-सच, मामला क्या है!
खचेडूमल	:	मैंने तो भैया अपने बुढ़ापे की चिंता दूर कर ली है।
मटरूमल	:	वह कैसे, वह कैसे? बता तो सही।
खचेडूमल	:	*(चुपके से, मुँह मटरू के कान के पास ले जाते हुए)* यार! मटरू! दिहाड़ी से थोड़े-थोड़े पैसे बचाकर जमा करता गया मैं।
मटरूमल	:	पर तूने जमा कैसे कर लिया खचेडू? एक तो घर-गृहस्थी का खर्चा, दूसरे लड़का तेरा पढ़ रहा है स्कूल में।
खचेडूमल	:	लड़के को मैं कुछ ना देता, मटरूमल! उसकी माँ, दो-चार बड़े घरों में चौका-बर्तन कर लेती है, उसी से चलाती है, उसकी पढ़ाई का खर्चा।
मटरूमल	:	यह तो बहुत बुरी बात है, खचेडू।
खचेडूमल	:	बुरी बात क्या है उल्लू की दुम? सारी कमाई बीबी-बेटे पर लगाऊँ तो बुढ़ापे में कौन घास डालेगा मुझे?
मटरूमल	:	बेटा पढ़-लिखकर जवान होगा तो वह क्या...!
खचेडूमल	:	*(बात काटते हुए)* किसी का कोई भरोसा नहीं है यार! अपना इंतजाम अपने आप ही करना पड़े है, आदमी को।
मटरूमल	:	*(धीरे से)* तो क्या इंतजाम कर लिया खचेडू तूने?
खचेडूमल	:	पूरे दस हजार जमा कर लिए हैं, दस हजार! तू मेरा जिगरी यार है, तुझसे क्या चोरी!
मटरूमल	:	अरे कहाँ रख छोड़े हैं, बैंक में या घर में। कोई चुरा-बुरा न ले।
खचेडूमल	:	अरे! कोई कच्ची गोली थोड़ी खेला है तेरा यार। ऐसी जगह छाँटी है, ऐसी जगह छाँटी है कि घरवाली तक को पता नहीं।
मटरूमल	:	कहीं जमीन-वमीन में गाड़ रखे हैं क्या!

खचेड़ूमल : अबे नहीं!

मटरूमल : फिर?

खचेड़ूमल : तू जिद्द कर रहा है तो बताए देता हूँ। दिहाड़ी से बचा-बचाकर जब भी सौ-पचास रुपये जमा होते हैं, तो रात को उठकर चुपके से अपनी गुदड़ी में सी देता हूँ मैं।

मटरूमल : इसका पता तेरी घरवाली को भी नहीं क्या?

खचेड़ूमल : नहीं, बिलकुल नहीं। बेकार पड़ी गुदड़ी पर ध्यान जा ही नहीं सकता किसी का।

मटरूमल : बड़ा काइयाँ निकला यार खचेड़ू तू तो। गुदड़ी में लाल छिपा रखे हैं, लाल।

खचेड़ूमल : *(हँसकर)* लाल-वाल तो क्या, बस बुढ़ापे में बीमारी-अजारी में काम आ जाएँगे।

मटरूमल : बेटे की पढ़ाई पर धन लगाता तो घरवाली को दर-दर की ठोकरें क्यों खानी पड़तीं, खचेड़ू?

खचेड़ूमल : वह तो पगली है, एकदम अक्ल से पैदल। बड़े घरों के बच्चों को पढ़ते देखा तो मेढकी ने भी पैर उठा दिए।

मटरूमल : यह बात नहीं है खचेड़ू।

खचेड़ूमल : *(बात काटकर)* बात यही है मेरे यार! मैंने घरवाली से कहा था, दयाराम अब सियाना हो गया है। किसी होटल-वोटल में चिपका दे इसे। चार पैसे घर में लाएगा तो खर्चा चलेगा, पर वह मानी कब! मेहनत-मजदूरी करके स्कूल भेज रही है उसे।

मटरूमल : अब तो सुना है दसवीं में आ गया है, दयाराम!

खचेड़ूमल : आ तो गया। पर फायदा क्या, कोई बाबू तो बनने से रहा दफ्तर का। जब मेहनत-मजदूरी ही करनी है तो खामख्वाह खर्चा करने का मतलब?

मटरूमल : *(प्रसंग बदलते हुए)* तू ऐसा कर मेरे यार खचेडू। ये दस हजार रुपये मुझे उधार दे दे।

खचेडूमल : वाह भई, वह तुझे क्यों दे दूँ। बड़ा आया कहीं से।

मटरूमल : तू समझा नहीं यार! मैं इस पैसे पर तुझे ब्याज दूँगा, तगड़ा ब्याज। सौ के सवा सौ मिलेंगे।

खचेडूमल : पर तू करेगा क्या?

मटरूमल : पाँच हजार दुकान की पगड़ी के दूँगा, पाँच का सामान भरूँगा दुकान में।

खचेडूमल : पर मेरी जमा-पूँजी मारी गई तो।

मटरूमल : मारी कैसे जाएगी यार! धंधा करूँगा, कमाऊँगा और तुझे दूँगा! महीने-भर के सौ रुपये जोड़े हैं। ब्याज मिलेगा तो बिना कुछ किए-धरे मोटी रकम मिलेगी हर महीने।

खचेडूमल : कितने रुपये बैठेंगे ब्याज के?

मटरूमल : अरे ब्याज के सामने तो घोड़ा भी नहीं दौड़ता। दुगने हो जाते हैं दुगने।

खचेडूमल : पर रुक्का लिखना पड़ेगा और अँगूठा भी लगाना पड़ेगा, उस पे।

मटरूमल : बिलकुल-बिलकुल। अँगूठा एक नहीं दो, और चाहेगा तो पैरों का भी।

खचेडूमल : अच्छा जब मैं शाम को दिहाड़ी से लौटूँगा तो तू मेरे साथ चलना। मैं किसी बहाने से अपनी गुदड़ी उठा लाऊँगा और रुपये तुझे दूँगा। कागज तैयार रखना।

मटरूमल : ठीक है, मैं तेरा इंतजार करूँगा खचेडू।

(शाम का समय है। खचेडू दिहाड़ी से लौटकर मटरू की फड़ पर पहुँचता है। मटरू वही रटी-रटाई हाँक लगा रहा है।)

मटरूमल : हर माल पाँच रुपया में, हर माल पाँच रुपैया में। आओ आओ भाइयो, बहनो। लुटा दिया, लुटा दिया, हर माल पाँच रुपैया में।

खचेड़ूमल : अबे लूटता-लुटाता ही रहेगा मटरू, चलता है कि नहीं?

मटरूमल : हाँ! बस दो मिनट रुक जा। चलता हूँ तेरे साथ।

(मटरू सामान की गठरी बाँधकर सामने की दुकान पर रखता है।)

मटरूमल : लाला! यह मेरे सामान की गठरी रखी है। मैं अभी लौटकर आता हूँ।

लाला : कोई बात नहीं, कोई बात नहीं मटरूमल, रखी रहने दे।

(दोनों मित्र खचेड़ू के घर की ओर जाते दिखाई देते हैं।)

(दृश्य बदलता है। खचेड़ू घर में दाखिल होते हुए दयाराम की माँ को आवाज देता है।)

खचेड़ूमल : अरे कलावती, कहाँ है? सुनती है कि नहीं सुनती।

कलावती : *(चीखकर)* सुनती क्यों नहीं? क्या मुझे बहरा समझा है तूने?

खचेड़ूमल : जब देखो काट खाने को दौड़ती है। मैं कोई तुझे बहरी थोड़ी बता रहा हूँ।

कलावती : और क्या बता रहा है रे! तेरा तो वह काम है, करनी न करतूत लड़ने का मजबूत।

खचेड़ूमल : चल-चल, अब जीभ बंद कर अपनी।

(खचेड़ूमल झपटकर छोटे से कमरे में घुस जाता है

और सारी चीजों को उलटने-पटलने लगता है। उसके चेहरे से परेशानी और घबराहट झाँक रही है।)

कलावती : अरे क्या आफत आ गई? क्या उलट-पुलट कर रहे हो, कमरे में?

खचेड़ूमल : अरे, गठरी में मेरी गुदड़ी रखी थी, पुरानी।

कलावती : पैसे नहीं थे घर में, दयाराम कलम-कापी लाने की जिद्द कर रहा था।

खचेड़ूमल : तो हुआ क्या? मुँह से कुछ तो बोल।

कलावती : होना क्या था कबाड़ी को बेच दी, पुराने गूदड़ के साथ, दस रुपये में।

खचूड़ूमल : दस रुपैया में दस हजार बेच दिए। हाय-हाय लुट गया, लुट गया।

(खचेड़ू हाय-हाय करता हुआ गश खाकर गिर जाता है। कलावती उसके मुँह पर पानी के छींटे मार रही है।)

मटरूमल : इसने तो अपने सारे नोट गुदड़ी में सी रखे थे, भावज जी।

कलावती : तो इन्होंने कोई मुझे बता के रखे थे क्या? कबाड़ी आया, मैंने बेच दिया।

मटरूमल : पर इसकी तो सारी जमा-पूँजी गई।

कलावती : तो मैं क्या करूँ? क्या रुपये इस तरह गुदड़ी में रखने थे। बैंक में जमा करने चाहिए थे।

मटरूमल : बात तो ठीक कहती हो भाभी जी, पर वह कबाड़ी कौन था, जो दस रुपये में दस हजार ले गया।

कलावती : मैं क्या जानूँ कौन था, आया, सामान लिया, चला गया। कोई मैंने छटी खाई है उसकी।

(खचेड़ू अभी तक बेहोश पड़ा है। कलावती उसे

धीरे-धीरे पंखा झल रही है। तभी बाहर से दयाराम घर में आता है।)

दयाराम : बापू को क्या हुआ माँ जी।

कलावती : गुदड़ी के साथ लाल बिक गए तेरे बापू के।

दयाराम : *(कुछ न समझते हुए)* क्या बात हो गई माँ! कुछ बता तो सही।

कलावती : तेरी कलम-कापी दस हजार रुपये में आई आज। *(चौंककर)* पर यह तेरे हाथ में क्या है?

दयाराम : पर्स है माँ, पर्स?

कलावती : कैसा पर्स, किसका पर्स?

दयाराम : जब मैं खेलकर वापस आ रहा था, तो मुझे यह सड़क पर पड़ा मिला, मैंने इसे उठा लिया।

कलावती : क्या है बेटे इसमें!

दयाराम : इसमें बहुत रुपए हैं माँ, बहुत रुपए।

(रुपए का नाम सुनते ही खचेडू की बेहोशी टूट जाती है। आँखें खोलकर दयाराम की ओर देखता है।)

खचेडूमल : अरे वह बटुआ मुझे दे दयाराम, मुझे दे।

कलावती : नहीं दयाराम नहीं, देखो इसमें है क्या?

(दयाराम पर्स खोलकर नोट गिनता है।)

दयाराम : पूरे पाँच हजार के नोट हैं माँ, पाँच हजार के।

खचेडूमल : वाह बेटे वाह! मजा आ गया। सारा जाता जानियो आधा लीजियो बाँट। पूरे ना सही आधे ही सही।

मटरूमल : यार खचेडू पराए माल पे नियत खराब मत कर।

खचेडूमल : तू तो उल्लू है मटरू, उल्लू। जैसा मेरा माल मुफ्त में किसी पे गया, वैसे ही किसी का मुझ पर आ गया। फरक क्या पड़ा!

कलावती : फरक क्यों नहीं पड़ा रे!

खचेड़ूमल : *(बेटे से)* यह बटुआ मुझे दे दे, दयाराम!

कलावती : नहीं, बिलकुल नहीं। बिलकुल नहीं।

खचेड़ूमल : घर आई लक्ष्मी को जाने दे रही है, मूरख।

कलावती : हाँ जाने दे रही हूँ। ऐसी लक्ष्मी नहीं चाहिए मुझे। दस रुपया कापी-कलम को दे देता बेटे को, तो क्यों जाते ये दस हजार!

मटरूमल : अच्छा अब सबर कर ले खचेड़ू भाई, सबर कर ले।

कलावती : *(बेटे से)* दयाराम बटुए को जरा अच्छी तरह देख, किसी का नाम-पता तो नहीं है इसमें।

(दयाराम बटुए को झाड़कर देखता है। बटुए से एक विजिटिंग कार्ड निकालता है।)

दयाराम : हाँ माँ! यह बटुआ एस.के. सिंघल, पुलिस कप्तान का है।

कलावती : अरे बड़े साहब का! उनके यहाँ तो मैं चौका-बर्तन करने जाती हूँ रोज। चल दयाराम चल, उन्हें यह बटुआ वापस करके आते हैं।

(दोनों साथ-साथ घर से निकलते हैं।)

खचेड़ूमल : हाय मटरू भैया लुट गया मैं। गुदड़ी भी गई और घर आई लक्ष्मी भी...।

(छाती पे हाथ मारकर खचेड़ू फिर मूर्च्छित हो जाता है। मटरू उसके मुँह पर पानी के छींटे मारकर उसे होश में लाने की कोशिश कर रहा है।)

समाप्त